監修者——木村靖二／岸本美緒／小松久男／佐藤次高

[カバー表写真]
ワシントンの肖像
（1794年）

[カバー裏写真]
第２回大陸会議におけるアメリカ独立宣言の採択

[扉写真]
ワシントンの肖像
（チャールズ・ウィルソン・ピール「ジョージ・ワシントン」1776年）

世界史リブレット人60

ワシントン

共和国の最初の大統領

Nakano Katsuro
中野 勝郎

目次

ワシントンって、だれ?
1
❶
ヴァジニア人、イギリス人、アメリカ人
9
❷
フィラデルフィア会議
29
❸
大統領制
44
❹
大統領ワシントン
62

ワシントンって、だれ？

　有名な逸話がある。一七八七年夏に、フィラデルフィアで憲法会議が開催されているときに、ある仲間内の席で、大陸軍でワシントンの副官であったハミルトンが、ワシントンは「親しい友人にたいしてさえ、堅苦しく貴族的に振舞っているから、彼と打ち解けた関係になることをだれにも許さないんだ」と話したとき、ハミルトンの親友で茶目っ気のあるモリスが、ぼくなら「ほかの友だちと同じように、ワシントンとだって仲良くなれるぜ」と応じた。ハミルトンが、じゃあ、懇親会の席で、ワシントンの肩をポンとたたいて、「やあ、将軍。お元気そうでなによりです」っていってごらんよというと、モリスは、その通りやってみせるとこたえ、実際に行動に移した。モリスは賭けに勝った。

▼大陸軍　レキシントン・コンコードの戦い（一七七五年四月）によってイギリスとの戦争がはじまると、各植民地の民兵隊とは別に、同年六月に、大陸会議によって大陸軍が創設された。ワシントンが司令官に任命された。黒人奴隷も従軍した。大陸軍は、兵站不足、訓練不足、植民地（邦）間の摩擦などの問題をかかえていた。

▼アレグザンダー・ハミルトン（一七五五／五七〜一八〇四）　ニューヨーク邦の政治家。初代財務長官。独立戦争中は、ワシントンの副官を務めた。

▼ガヴァナー・モリス（一七五二〜一八一六）　ニューヨーク邦の政治家。連邦憲法の最終稿の作成者。駐仏公使、連邦上院（元老院）議員を務めた。

▼**ジョン・アダムズ**（一七三五〜一八二六）　マサチューセッツ邦の政治家。ワシントン政権で副大統領を務め、その後第二代大統領に就任した（在任一七九七〜一八〇一）。妻アビゲイルは、女性の権利の向上や奴隷制度の廃止を唱えた。息子のジョン・クインジー・アダムズも第六代大統領であった（在任一八二五〜二九）。

▼**トマス・ジェファソン**（一七四三〜一八二六）　ヴァジニア邦の政治家。独立宣言の起草者。ヴァジニア邦知事、ワシントン政権の国務長官を務め、その後第三代大統領に就任した（在任一八〇一〜〇九）。墓碑銘には、「独立宣言の作者であり、ヴァジニア信教自由法の作者であり、ヴァジニア大学の父」とだけ記されている。

しかし、ワシントンは、眉をひそめて、数分間彼をじっとみつめつづけたため、モリスは恐れをなして人混みのなかに立ち去った。後日、彼は、「もうどんなことがあっても、あんな真似はできないね」と語ったという。

この逸話は、たとえ史実ではないとしても、ワシントンが同時代人にどのように思われていたのかをよくあらわしている。彼は、大統領に就任したときには、すでに生身の人間というより、神々しさを帯びた近づきがたい存在になっていた。たしかに、ワシントンは、彼をよく知る人たちを失望させることもあった。アダムズによれば、「彼（ワシントン）が、その名声や地位の割には、あまりにも無学で、教養がなく、本も読んでいなかったことは、だれもが知っている」。ジェファソンも、「彼の知性は、鈍い働きしかせず、創造力にも想像力にもほとんど支えられていない」と述べている。ワシントンは、ほかの建国の父祖と呼ばれる人たちと比べて、教養人ではなかった。しかし、指導者の資質は知性の高さに求められるのではない。むしろ、品格や成し遂げた事柄により指導者への敬意が生まれる。

ワシントンは、両方を兼ね備えていた。彼は、カエサルやナポレオンのような偉業を達成したカリスマをもつ英雄だったのではない。彼には、卓越した軍事的能力はなかった。彼には、ジャクソンやアイゼンハワーのような輝かしい軍歴もない。ワシントンがつねに人々に示し、巨軀とあいまって、彼の品格を高めたのは、「徳(virtue)」であった。その「徳」ゆえに、ワシントンは、「前例のないような英雄」になったのであり、同時代のアメリカ人によって、畏怖の念とともに敬意を払われる大統領であったのである。

では、現代のアメリカでは、ワシントンはどのように評価されているのだろう。

合衆国において、日常生活でもっともよく使われている一ドル紙幣と二五セント硬貨には、ワシントンの肖像が印されている。だれもが知っているワシントン。しかし、一般のアメリカ人の彼にたいする評価は高くない。もっとも偉大な大統領は？　と問うたある世論調査では、ワシントンは、七番目にランクされている。知名度は高いが大統領としてはあまり評価されていないワシントン。日本でも、「桜の木と正直者ジョージ」として知られている程度なのかもしれない。

▼**アンドリュー・ジャクソン**(一七六七～一八四五)　第七代大統領を務めた(在任一八二九～三七)。

▼**ドワイト・アイゼンハワー**(一八九〇～一九六九)　第二次世界大戦中、ヨーロッパ戦線の連合国軍最高司令官を務めた。第三四代大統領を務めた(在任一九五三～六一)。

▼**徳**(virtue)　公共精神。私益(interest)の追求と対置される精神的能力を意味する。古代ローマの共和政以降、共和政にはこの能力が必要とされると考えられていた。

ところが、歴史学や政治学などの専門家のあいだでは、ワシントンは、エイブラハム・リンカン、フランクリン・ローズヴェルトと並んで、もっともすぐれた大統領として評価されている。この三人の大統領は、偉大な大統領として不動の地位を占めつづけている。その理由を探ってみよう。植民地時代から独立戦争、連邦憲法の制定、連邦政府の発足という歴史のなかでワシントンの生涯をたどってみると、彼がどんな人物であり大統領であったのかが、いくらかはわかるかもしれない。

あらかじめ、少しだけ、ワシントンが生きた時代を理解する手がかりについて触れておこう。第一に、北アメリカ大陸に「アメリカ植民地」という一つの植民地があったのではない。ヴァジニア(一六〇七年)やマサチューセッツ(一六三〇年)以降、北アメリカには一三の植民地が建設された。十八世紀半ばまでには、それらの多くは国王が直轄する王領植民地になっていったが、ペンシルヴェニアやデラウェア、メリーランドのような領主植民地や、コネティカットやロードアイランドのような自治植民地も存在していた。課税や軍隊の駐屯など、本国による統治の度合いが高くなった一七六三年以降、一三の植民地は、

▼エイブラハム・リンカン(一八〇九〜六五、第一六代大統領、在任一八六一〜六五)　奴隷解放宣言を出した。暗殺された最初の大統領である(ケネディを含め、このあと三人の大統領が暗殺されている)。

▼フランクリン・ローズヴェルト(一八八二〜一九四五)　第三二代大統領。一九三三年より四五年まで、四期務めた。なお、修正第二二条(一九五一年)において、二回をこえて大統領に選出されてはならないと定められた。

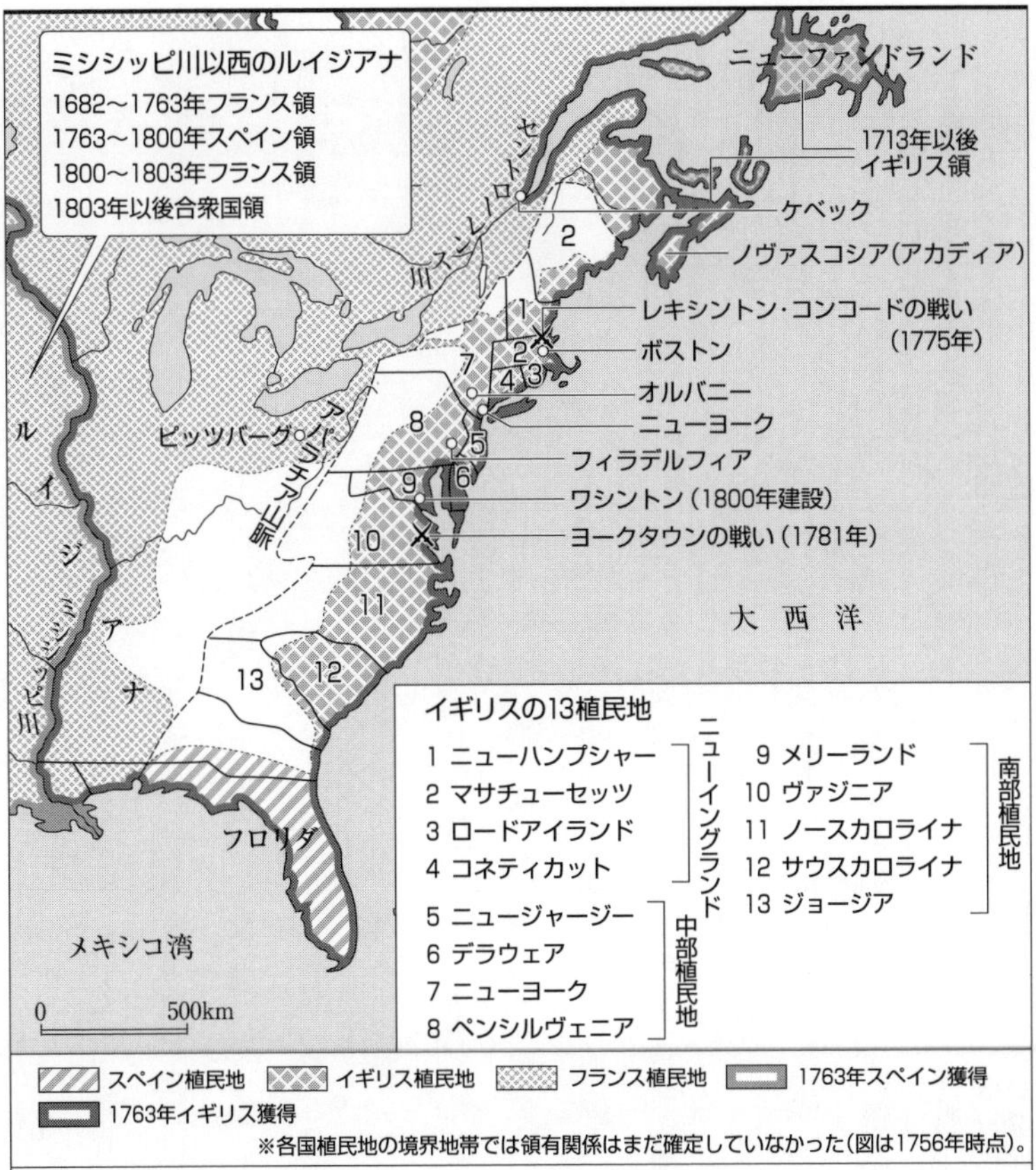

※各国植民地の境界地帯では領有関係はまだ確定していなかった（図は1756年時点）。

●植民地時代の北アメリカ東部

一ドル紙幣　現在流通している一ドル紙幣に描かれているワシントンの肖像画は、ギルバート・スチュアートによって描かれた。

▼連合会議　連合規約が批准されたあと、大陸会議は名称を連合会議(The Congress of Confederationあるいは Confederate Congress)に変更した。

連帯して本国に抗議し、独立のための戦争を戦ったものの、協調関係は必ずしも良好とはいえず、独立して植民地から邦(state)となったあとは、むしろ、対立が顕在化した。独立宣言と呼ばれている文書の正式のタイトルは、「アメリカの一三の連帯した諸邦による一致せる宣言」である。

　第二に、ワシントンは、独立戦争を勝利に導いた凱旋将軍であった。旧体制を倒壊させたり、植民地を独立に導いたりした人物が、無政府的な状態において、建国の英雄として新体制の指導者になり、さらには、独裁者になった例は枚挙に暇がない。一七八一年に連合規約が批准されるまでは、各植民地(邦)からの代表で構成される執行機関であった大陸会議は超法規的な代議体であったのであり、いわば常備軍として設立されていた大陸軍を統御できるだけの権威をもっていなかった。しかも、八三年に戦争が終結し、イギリスからの独立を勝ちとったあとは、連合会議▲はつねに定足数不足となり機能不全におちいるようになった。このように、凱旋将軍が統治の全権を掌握しやすい状況があったにもかかわらず、ワシントン将軍による(あるいは、彼を中心とする大陸軍将官たちによる)軍事政権が生まれなかったことは、歴史的にみれば、かなり例外的な事例である点にも注意しよう。
第三に、一七八七年に起草された連邦憲法案には、四割以上の人々が批准に反対したし、この憲法案を作成したフィラデルフィア会議には、ロードアイランド邦は代表を送っていなかった。憲法前文には「より完全な連邦」の形成が目的として掲げられているものの、連邦の求心力は必ずしも高くなかったのである。（イギリス本国の）中央政府の権力行使を専制として受け止めたアメリカにおいては、アメリカ内に再び中央集権的な政府を設立することに、強い不信感が浸透していた。

第四に、十八世紀後半においては、王のいない社会というのは想定しにくかった。ヨーロッパのほとんどの国々は君主政であった。王のいない政治体制をつくるというのは、イギリスの君主政からの離脱を訴えたトマス・ペイン▲の『コモン・センス』が広く読まれていたアメリカにおいても、きわめて非常識な、同時代の、いや、近過去のヨーロッパにもほとんど前例を求めることができない試みであった。

ワシントンは、彼以降の大統領のように、大統領制や連邦制という政治制度

▼トマス・ペイン（一七三七〜一八〇九）　イギリスのノーフォーク生まれ。一七七四年にアメリカに移住。七六年に著したパンフレット『コモン・センス』は、同年末までには一五万部売れたといわれている。八七年にはフランスに渡った。フランス革命を批判したエドマンド・バーグの『フランス革命の省察』を反駁した『人間の権利』（一七九一〜九二）を刊行。九三年までにイギリスで二〇〇万部売れたという。一八〇二年、再度アメリカに渡ったが、奴隷制に反対し理神論を説くペインには親しく接する友人がいなくなり、不遇のうちに晩年を過ごした。

二五セント硬貨

が確立された時代に大統領になったのではない。憲法で定められた大統領制や連邦制を具体的に作動させる役割——ワシントン以降のほかのどんな大統領も負うことのない役割——を担ったのが、初代大統領ワシントンであった。

①—ヴァジニア人、イギリス人、アメリカ人

プランターの息子

ジョージ・ワシントンは、一七三二年にヴァジニアに生まれた。

その時代、ヴァジニアは、アメリカ史において「イギリス化《アングリカニゼーション》」と呼ばれている、社会の階層化および社会・文化生活におけるイギリスの模倣が進行していた。ヴァジニアを含むアメリカ植民地には貴族制はなかったけれども、庶民とは区別された紳士《ジェントリー》層が厳然として存在していた。その違いは、自由身分をもつ白人と奴隷身分の黒人とのあいだの区分よりも明確であったといわれている。あるヴァジニア人は、「右手と左手の区別がつき、黒と白、善と悪とを見分け、創造主を知り、自分の社会的地位を知るようになる……それよりも前から紳士は紳士である」と記している。

紳士と庶民を区別する基準は、生まれと家柄であり、富であった。そして、それらの属性には、礼儀作法や趣味がともなっていた。紳士たちは、庶民とは視覚的に明瞭に区別される服装・邸宅・装飾品に囲まれていたし、古典古代に

関する教養を身につけ、私信においても公的な場での討論においても、それを披露した。彼らは、同輩から構成される社交の場を楽しみ、目下の人たちにたいしては、「みずから進んで恥をかき、高みから下りて目下の者と対等に付き合う」という謙遜《ヒューミリティ》の態度を示した。

　このような態度をとることが可能であったのは、いや、このような態度をとることが求められたのは、紳士は自由と独立という属性を備えていなければならないという古典古代からの伝統が、十八世紀のアメリカにおいても受け継がれていたからである。自由《リバティー》は気前のよさ《リベラリティー》を意味していた。そして、自由——物質的欠乏からの自由、他人の意思からの自由、無知からの自由、働くことからの自由——であることは、独立した人格をもつことを意味した。紳士は、経済的な私的利益《セルフ・インタレスト》の追求からまぬがれているからこそ、公共の利益《パブリック・インタレスト》を追求する徳《ヴァーチュ》（無私の精神《ディスインタレスティッドネス》）という政治的能力を身につけることができたのである。アリストテレスは、「市民は惰性的な労働や事業で身過ぎ世過ぎをしてはならない。そのような生活は高貴ではないし、徳を失わせる」、人は「自分の徳を涵養するために、そして、市民として活動するために、閑暇をもたなければならない」と述べている。ヴァジニアの紳士層は、まさに、このような有閑階級だった。

　ジョージ・ワシントンの父親はプランター▲ではあったが、紳士層のなかの名士ではなかった。若きジョージが、ヴァジニアの恩恵・庇護関係▲の階統制のなかで軍人としても政治家としても出世することができたのは、彼の兄ローレンスが、ヴァジニア北部の名門フェアファックス家の当主であるウィリアム・フェアファックスの娘と結婚したことにより、ワシントン家が名士の世界への仲間入りをしたためである。イギリス貴族の出であるフェアファックスは、国王の勅任官としてカリブ海のイギリス植民地で徴税官や治安判事を務めたのち、ヴァジニアに移住していた。そこでフェアファックスは、植民地議会（下院）の議員を経て、植民地参議会（上院）の議長（副総督的な地位）の任にあった。ジョージは、兄ローレンスが植民地議会の議員に選出されたのと同じように、フェアファックス家の威信に支えられて、ヴァジニア民兵隊の将校に任命されたのである。

▼プランター　南部の大農園（プランテーション）の所有者。大農園は、タバコ生産の不振により、衰退すると考えられていたが、イギリスの産業革命による綿花需要の高まりや、ホイットニー綿繰り機の発明、陸地綿への転作などにより、飛躍的に拡大していった。のちに、南部は「綿花王国」と呼ばれるようになるが、建国期においても、初代大統領ワシントンから第五代大統領ジェイムズ・モンローまでは、第二代のジョン・アダムズをのぞき、プランターが大統領になっている。

▼恩恵・庇護関係(patronage)　君主を頂点とする階統制秩序に組み込まれていたアメリカ植民地においても、本国と同様、上位者が下位者に、官職任用の優先権を与えたり、上位者との縁故関係を取り結ぶことなどで、上下関係を基本とする秩序が維持されていた。

▼フレンチ・インディアン戦争　ヨーロッパ市史では、「七年戦争」と呼ばれている。イギリスとアメリカ植民地とが、フランスとそれを支持するインディアン(先住民)と戦った戦争。

▼レキシントン・コンコードの戦い　一七七五年四月、イギリス軍とマサチューセッツ植民地の民兵との最初の戦い。これが導火線となって独立戦争が始まった。

▼ワシントンのもっとも古い肖像画　一七七二年、チャールズ・ウィルソン・ピールによって描かれた。この絵には、アメリカ植民地に根強く存在した反常備軍感情が表現されている。

民兵隊の士官

ワシントンは、一七五三年、二一歳のときに、ヴァジニア民兵隊の少佐に任ぜられ、五四年から六三年までつづいたフレンチ・インディアン戦争▲(七年戦争)に従軍した。そして、レキシントン・コンコードの戦い▲のあと、大陸軍が創設されると、彼は、司令官に任命され、以後、一七八三年にイギリスとの戦争が終了するまで、その地位にあった。

ワシントンは、軍人の敬称で呼ばれるのを好んだという。実際にも、フレンチ・インディアン戦争で大佐に昇進してから独立戦争が始まるまで、彼は「大佐」と呼ばれている。一七七五年の大陸会議にも、彼は軍服姿で参加した。

現存するなかでもっとも古い肖像画▲では、ワシントンは、青服のコートを着用している。赤服がイギリス正規軍の制服であったのにたいし、青服は植民地兵の軍服である。さらに、ワシントンの肩には、銃身の長いライフル銃がかかっている。この型のライフルは、ヨーロッパで使われていたマスケット銃に比べて、射程距離や照準が正確であり、もっぱら、アメリカの奥地で狩猟やインディアンとの戦いのために使われていた。もちろん、独立戦争を戦った民兵たちが使った銃でもある。したがって、この絵には、アメリカ人の自由を保障する民兵制度▲の伝統のなかにワシントンを位置づけようとする画家の意図を窺うことができるかもしれない。実際、フレンチ・インディアン戦争時のパンフレットや新聞には、ある戦いの敗北の理由について、アメリカ植民地人は「親しい友人や親族の復讐のために、捕虜になった者を救うために」武器をとるが、「赤服はお金のために戦うからである」というような発言が多くみられる。連邦憲法修正第二条には、「よく組織された民兵は、自由な国家の安寧に不可欠であり、人民が武器を保持する権利は侵害されてはならない」と規定されている。

　ワシントンは、たしかに、ヴァジニア植民地の民兵隊の将校を務めていたものの、民兵にたいするのちの評価は低い。よくいえば独立《どくりつ》不羈《ふき》の精神をもつ白人男性たちが、民兵の訓練を受けることは、ほとんど、あるいは、まったくなく、また将官は、軍事的能力ではなく社会的身分にもとづいて任じられていたため、民兵隊には「団体精神(esprit de corps)」は形成されず、戦闘能力も高くなかった。それにたいし、一七五五年に、「ヴァジニア連隊大佐、および、

▼**民兵(militia)制度**　有事に、正規の軍人ではなく、民間人を動員して組織される武装組織。ニューイングランドでは、日常的には家業に従事している人々が、緊急時には瞬時に現場にかけつけるという意味で、「ミニットマン(minuteman)」と呼ばれた。正規軍に頼らずに自衛するという以外に、現在の極右武装勢力「ミリシア」との関連はない。

国王陛下のものたる当植民地の防衛のために現在召集され、かつ、将来召集されるであろう全軍隊の総司令官」の地位に就いたワシントンは、自分の連隊を、武器をもった素人の集まりではなく、専門的技能の高い集団に鍛え上げようとした。彼は、カエサルの『ガリア戦記』や、イギリス軍の将校たちのあいだで「イギリス軍のバイブル」と呼ばれていた『軍事教練論』(イギリス軍人ハンフリー・ブランド著、一七二九年)などを愛読し、それらを軍隊内での教育に使っている。

ワシントンは、みずからを「軍隊向きの性格」であるとみなし、「軍人として運命を切り開きたい」と記している。彼が、「軍人」というとき念頭にあったのは、民兵隊ではなく、イギリス正規軍のように、訓練と装備、規律をもつ軍隊の指揮官であった。ワシントンは、ヴァジニア総督ロバート・ディンウィディに宛てて、「イギリス軍の経験と判断に敬意を払う」とともに、自分の率いる連隊を「よりいっそうイギリス流のやり方」に従わせると書き送っている。それはたんなる模倣にとどまらなかった。ワシントンにとって、ヴァジニア連隊の司令官になることやその軍事組織としての質の向上が目的だったのではない。彼は、みずからが率いる軍隊を植民地の民兵隊ではなく、イギリス正規軍の一部として編入するよう、繰り返しイギリス正規軍の高官に嘆願している。

ただし、ワシントンは軍事的観点からのみでイギリス正規軍に高い評価を与えていたのではない。彼は、同時代のほとんどの植民地人と同じように、自分が「イギリス臣民」であると思っていた。フレンチ・インディアン戦争が始まったとき、ワシントンは、「われわれの国王の権利と特権とを擁護するために、自由に生まれたあらゆるイギリス人は、その自己犠牲的な精神」を示さなければならないと述べている。もちろん、ワシントンは、イギリス正規軍の対応にみられるように、イギリス本国人とアメリカ植民地人とのあいだに区別がおこなわれていることを知っていたが、それでも、彼の認識では、アメリカ人はそのままイギリス人であり、アメリカ植民地はイギリス帝国の一部であった。

反英抗争の過程

フレンチ・インディアン戦争が継続中であったにもかかわらず、フランス・インディアン連合軍がヴァジニア植民地から撤退したのち、ワシントンは、一七五八年十一月に軍役を退いている。しかし、それは公的な生活からの引退ではなかった。ワシントンは、同年春におこなわれたヴァジニア植民地議会選挙に立候補し、当選している。一七七五年に、その職を辞するまで、プランターとして大農園経営をおこないながら植民地議会議員を務めた。

この期間、一七六三年にフレンチ・インディアン戦争が終わると、フランスを敗北させ、北米大陸で覇権を確立したイギリスは、現地の自治にゆだねていた植民地経営のやり方（「有効なる怠慢」〈エドマンド・バーク〉）を改め、本国による統治を強めるようになった。「一七六三年の国王の宣言▲」、翌六四年の「砂糖法▲」が植民地統制強化の始まりであった。ただし、これらは、局地的な反発をまねいたものの、伝統的に承認されていた本国の通商規制の枠内にあると、なお、とらえることができた。

しかし、一七六五年の印紙法▲は、明らかに歳入増加のための課税であった。ニューヨーク植民地の弁護士であったウィリアム・スミス・ジュニアは、「この一撃ゆえに……グレート・ブリテンにたいする好感情はすべての植民地から消えた」と断言している。実際、反英感情は全植民地に広がり、同年には、ニ

▼**「一七六三年の国王の宣言」**　アパラチア山脈の北部のアレゲニー台地以西の新しい領土への入植を禁じる勅令。移住者を新しく植民地としたケベックとフロリダに向かわせることを意図していた。これは、肥沃な土地を求める南部プランター、土地投機業者の反発をまねいた。

▼**砂糖法**　密貿易などの不正行為の阻止と関税収入の増加を意図した法律。通商業者、海運業者などの反発をまねいた。

▼**印紙法**　法的文書、新聞、暦など、植民地内で流通しているほとんどすべての印字された紙に課税する法律。

ユーヨーク植民地のオルバニーで印紙法会議が開催されるとともに、各植民地のコミュニティ単位で通信連絡委員会が設立され、反英抗争の組織化が進行した。

この法律は、本国内でも批判されたこともあり、一七六六年に廃止された。しかし、財政危機におちいっているイギリスは、財源確保のための方策を必要とし、関税収入を目的とする法律を制定していく。そうして、これらの法律が制定されるたびに反英抗争は激化していく。本国と植民地との対立は、今日からみれば、茶法▲において解決不能の事態におちいったといえるだろう。アダムズは、これを「重要かつ永続的な結果をもたらすにちがいない」ととらえ、「だから、私は、この出来事が時代を画するできごとであると思わざるをえないのだ」と書いている。他方、イギリス首相のノース卿は、「いまや、われわれはわれわれの権威を確立すべき時でありますが……さもなければ、それをすべて失うでありましょう」と議会で述べている。その後、イギリス政府はマサチューセッツ植民地にたいして強制諸法▲を制定し、直接統治の度合いを強めていった。

▼**茶法**(Tea Act)　東インド会社にアメリカ植民地の茶市場の独占を認めた法律。一七七三年に制定。これにたいする反発から、同年には、インディアンに変装した一団がボストン港で陸揚げされようとしていた茶箱を湾内の海に投げ捨てるというボストン・ティーパーティー事件がおこった。それは、イギリスからみれば、政府の権威をそこなう秩序紊乱の行為であった。

▼**強制諸法**(Coercive Acts)　ボストン港の閉鎖、総督の権限を強めるかたちでの植民地政府の改変、軍人総督の任命およびイギリス正規軍による民間の建物の接収などを定めた四つの法律。

▼パトリック・ヘンリー（一七三六〜九九）　ヴァジニア植民地の反英抗争の指導者の一人。「自由を与えよ。しからずんば死を」という発言で知られている。ヴァジニア邦の初代知事。連邦憲法案に「権利の章典」と呼ばれる修正第一条から第一〇条までが付加されるに際して、強い影響力を発揮した。

反英抗争の論理

よく知られているように、印紙法にたいして、パトリック・ヘンリー▲は、ヴァジニア植民地議会において「代表なければ課税なし」と主張した。この論理は、印紙法会議の決議でも使われている。そこでは、「彼ら（植民地人）はその地方的事情のために、そこ（イギリス議会）に代表されるということは不可能である」と記されている。

アメリカ植民地は、イギリス議会に代表を送ってはいなかった。アメリカ植民地の人々は、自分たちに代表が割りあてられていないのに課税されることに抗議した。では、代表を選出できればよいのだろうか。当時においても四五〇〇キロの大西洋を渡ることは不可能ではない。にもかかわらず、決議では代表を送ることは「不可能」となっている。なぜだろうか。アメリカ植民地では、代表制とは、ペインが『コモン・センス』で論じたように、直接参加の便宜上の代替物であり、代表は、「自分たちを任命した人々と同じ利害関心をもち、また、彼らが議会に出席した場合に行動するのと同じように行動する」と考えられていた。そのためには、選挙民と同じ場所に住んでいなければならないし、選挙は頻繁でなければならない。「不可能」であったのは、この条件を満たすことであった。植民地では、代表とは地域代表＝代理▲であることを意味した。しかし、イギリス本国では、すでに、代表は選挙区のみを代表するのではなく、国全体を代表しているという実質的代表の観念が定着していた。イギリスのあるパンフレットは述べている。植民地人たちは、「イギリスの一〇分の九の人々」と同じように、実際には庶民院に代表を送っていないけれども、まぎれもなく、「グレート・ブリテンの庶民院の一部をなしているのであり、しかも、重要な部分となっている。彼らは、選挙権をもたないイギリスの住民たちと同じような方法でイギリス議会に代表されているのである」。

印紙法会議は、植民地への課税権は否定しながらも、植民地がイギリス議会に「欠くことあたわざる服従」の義務を負っていることを認めている。それは、植民地が伝統的に受け入れてきた通商規制の権限への服従であった。イギリス側の主権論は、この点を突いていた。その主権論によれば、イギリス帝国全体に関わる至上権と植民地内部への課税権とは区別することはできない。アメリカ問題担当の副大臣であったウィリアム・ノックスは、「植民地は、グレー

▼地域代表＝代理　ニューヨーク植民地の代表が、一七七六年七月四日に、大陸会議において独立宣言に署名していないのは、署名を許可する植民地からの訓令が届いていなかったからであった。アメリカでは、今日でも、この観念が強い。

ト・ブリテンという世界の一部であるか、さもなければ、グレート・ブリテンとの関係では自然状態にあり、その世界を代表している立法権、すなわち、イギリス議会の管轄のもとにはいかなる場合にも服さないということになる」と論じている。ここに示されているのは、国家は、唯一の最終的でかつ不可分の至上権＝主権をもっているという観念である。

植民地の人々は、そのような主権論を受け入れることはできなかった。それにたいして彼らが提示したのは、イギリス議会の権限はイギリス以外にはおよばず、各植民地の議会はそれぞれ管轄地域内にたいして排他的で独占的な権限をもっているという複合帝国論である。第一回大陸会議▲の決議では、イギリス本国と各植民地は平等な立場にあり、これまで通商規制を受け入れてきたのは、「状況の必要性と相互利益」があったからであると記されている。ジェファソンやアダムズがとなえたように、一七七四年までには、指導的な立場にある人々のあいだでは、アメリカ植民地が帝国にとどまっていたのは同一の君主をいただく同君連合であったからであるという考え方が浸透していた。

マサチューセッツ総督のトマス・ハチソンは、イギリスの至上権と植民地が

▼**第一回大陸会議**　強制諸法にたいして抗議するために、ジョージアを除く一二の植民地の代表がフィラデルフィアに集まって開催された会議（一七七四年九月五日〜十月二十六日）。決議とともに、イギリスからの輸入、イギリスへの輸出を禁止する盟約が締結された。

主張する権限とのあいだに妥協点が見出せないのであれば、「われわれは独立している」ということになるだろうと記している。まさに、主権をめぐる対立は、論理的には、植民地側がその主張を取り下げないかぎり、そして、イギリスが議会主権を主張しつづけるかぎり、アメリカ植民地の独立ということになる。

このようななか、レキシントン・コンコードの戦いが、一七七五年四月十九日におこった。同年五月に開催された第二回大陸会議では、なお本国との和解を模索しながらも、六月には、民兵隊とは別に大陸軍が創設された。ワシントンは、この総司令官に任命された。任命時、彼は、なお、イギリス人であった。しかし、七月に大陸会議が和解をはかってジョージ三世▲に送った「オリーブ枝の請願」は受け取りを拒否され、そのジョージ三世が八月に、議会にたいして、植民地は反乱状態にあると宣言した。こうしてイギリス国王から政治的紐帯を切られた植民地の軍隊を率いるワシントンは、アメリカ人として戦争を戦っていくことになる。

▼ジョージ三世　ハノーヴァー王朝第三代目の国王。同王朝ではじめて英語を話した国王といわれている。イギリス本国では、名誉革命以降「議会のなかの国王(King in Parliament)」の観念が定着していったが、アメリカ植民地では、「議会の外の国王」と「議会のなかの国王」とを区別していた。そのため、イギリス議会の主権を否定しても、なお帝国にとどまるという選択が可能であった。

独立戦争と大陸軍の解散

イギリスへの抵抗がもっとも激しかったのは、マサチューセッツ植民地であった。軍事衝突がおこったのもここである。同植民地の行動およびそこから発せられる反英的な言説は、南部植民地には不信感をもって受け止められていた。アダムズが、ワシントンを総司令官に強く推薦したのは、そのことを理解し、イギリスへの軍事行動を全植民地に広げるためであった。ワシントンは、任命式に際して、大陸会議に民兵隊の制服姿でおもむいている。その大柄な体軀がまとった軍服と「謹厳で、穏和があり、冷静な」振る舞いは、大陸会議の代表たちに、彼への信頼を高め、同時に、植民地のおかれている事態の深刻さを認識させせたであろう。

ワシントンを含む一四人の将軍を指揮官として構成された大陸軍は、イギリス政府に、アメリカ植民地における軍隊の行動は、もはや秩序紊乱《びんらん》行動を鎮圧するための警察行動ではなく、イギリス軍がヨーロッパで戦ってきたのと同じ戦争であるという認識をもたせることになった。イギリス海軍が、反乱がおこったボストン港を離れ、植民地の分断をはかるべく、アメリカ植民地の中間に位置するニューヨーク▲へ移動したのは、そのような認識の変化があったからである。

　ワシントンも、大陸軍の性格についてはイギリス政府と同じようにとらえていた。彼は、大陸軍を正規軍として組織化し訓練し規律づけようとした。何人かの将軍たちには不人気であったプロイセンの男爵シュトイベン▲は、ワシントンの信頼を得て、率いる部隊に訓練や演習を施し、イギリス軍の精鋭部隊と互角の戦いをおこなっている。

　しかし、ワシントンの意図に反して、大陸軍の大半は、行動のほとんどを、イギリス軍との会戦▲ではなく、小競り合い、襲撃、糧食や補給品の奪取に費やす日々であった。ワシントンの副官であったハミルトンは、大陸軍兵士と規律が欠けていることを頻繁に嘆いている。

　大陸軍に戦闘能力がなかったのではない。基本的には、戦争はイギリス正規軍と大陸軍とのあいだでおこなわれた。しかし、アメリカ植民地には、大陸軍に加えて、植民地ごとに非正規軍である民兵隊が組織されていた。大陸軍に従軍したあるスイス人士官は、民兵隊ゆえに、アメリカ植民地は「正規軍を備え

▼ニューヨーク　ニューヨーク植民地は、独立宣言への署名が遅れたことに示されるように、本国との和解を最後まで追求した。この地には、トーリー(Tory)もしくは忠誠派(Loyalist)と呼ばれた、独立に反対し、あくまでもイギリス国王への忠誠を誓うという人々が多く住んでいた。イギリス軍は、彼らの協力を得られると考えていた。

▼シュトイベン(一七三〇〜九四)　プロイセンの軍人。一七七八年に、大陸軍に少将として従軍。大陸軍の組織・訓練は彼に負うところ大であった。英語を話すことはできなかったが、フランス語で会話できる将校を介して大陸軍を指導した。

▼会戦　大規模な陸軍部隊が双方対峙しておこなわれる戦闘。

▼**ラファイエット**(一七五七〜一八三四) フランスの貴族、軍人、政治家。独立戦争に少将として従軍。ルイ十六世は、北米大陸での失地回復をはかって、フランス人を独立戦争に派遣する計画を立て、ラファイエットはそれに応募した。渡米直前から英語を学んでいた彼は、英語を話せないフランス人軍人と大陸軍との仲介をした。

ている場合」よりも、より危険になっていると記している。イギリスとの戦争は、今日風にいえば、ゲリラ戦でもあった。民兵たちは、自分たちの住む植民地をこえて戦いを継続しようとはしなかったし、農繁期になれば農地に戻っていった。それでも、彼らは、伝統的な会戦形式の戦いのために訓練されていたイギリス軍には予想できない神出鬼没の戦闘行動をとって、敵に打撃を与えた。ヴェトナム戦争において北ヴェトナムの兵士たちを相手にしたアメリカ軍の苦戦ぶりを振り返るならば、民兵が独立戦争において果たした役割は推察することができるだろう。

冒頭で触れたように、大陸軍総司令官としてのワシントンの業績は、軍事的能力に求めることはできない。彼が評価を高めたのは、その人格であり、政治的判断力である。彼が戦時中も維持しつづけた大義への忠誠、無私の精神、不屈の忍耐力、穏和さは、独立の大義である共和主義の理念を一身に体現しているとみなされるようになった。一七七七年から大陸軍に従軍していたフランス侯爵ラファイエット▲は、七八年に米仏同盟が締結されたとき、米仏連合軍によるカナダ侵攻を提案した。大陸会議がそれに応じようとしたとき、ワシントンは大陸会議および同会議議長に書簡を送り、フランスは七年戦争で失ったカナダを再度領有したいという自国の利益に関心をもっているのであり、態勢の整った敵がいるなか大陸軍が補給線を確保しつつ遠路北の地まで部隊を派遣することは難しいと述べ、侵攻案に反対している。これはワシントンが兵站と戦況についての把握と政治的判断力がすぐれていたことを示す例である。

独立宣言により、君主政から共和政へと体制転換した諸邦▲の人々は、忠誠の対象を失った。アメリカ植民地は、ジョージ三世を権威の頂点とする君主政的社会の一部であった。ジョージ三世に代わって忠誠が向けられたのはワシントンであった。それは、一体感が欠如しがちであった諸邦連合に統合の象徴があらわれたことを意味した。一七七九年までには、ワシントンの誕生日は、七月四日の独立記念日について、諸邦全体で祝われるようになった。「政治的な意味でのわれわれの父であり、偉大な人民の長」ワシントン。「国父」ワシントン。

ワシントンとともに大陸軍で戦った士官たちのあいだで、また、大陸会議▲の代表をつとめた各邦の指導者のあいだで、一部ではあるが、邦をこえた政治体としての諸邦連合への愛着という意味でのナショナリストが生まれていった。

▼諸邦　本書では、stateを邦と訳す。United States of Americaは、アメリカ諸邦連合である。ワシントンの時代は、USAは統一性のある一つの国家ではなく、邦の連合体として意識されていた。USAが単数形で使われるようになるのは、南北戦争後である。

▼大陸会議（連合会議）　Continental Congressは、一七八一年に、連合規約（邦の連合体をUnited States of Americaと呼称した最初の公的文書。いわば最初の憲法であり、連邦憲法は、手続き上は、この規約の改正版である）批准制定以降は、連合会議と訳されることが多い。

イギリス人というアイデンティティと共存していたのは、ヴァジニア人、マサチューセッツ人、ニューヨーク人という植民地(邦)単位のアイデンティティであったが、独立戦争は、「アメリカ」という意識をもつ人々を生み出していったのである。

文民統制

独立戦争は、一七八一年のヨークタウンの戦いで、事実上終結した。イギリスが、アメリカ諸邦の独立を承認するのは八三年のパリ講和条約である。同年十二月、ワシントンは、「私に与えられた任務をここに返上するとともに、わが国への奉仕から引退することをお認めいただきたい」と述べて、連合会議に大陸軍の指揮権を返上した。

十八世紀後半に生きた人々は、軍功のあった人物が、勝利をおさめたあとの社会でそれまで手にしていた軍隊の統制権、もしくは、軍功によって得た権威や権力を手放すという事例を歴史のなかに見出すことはできなかった。歴史に照らしてみるとき、ワシントンの行動は特異である。

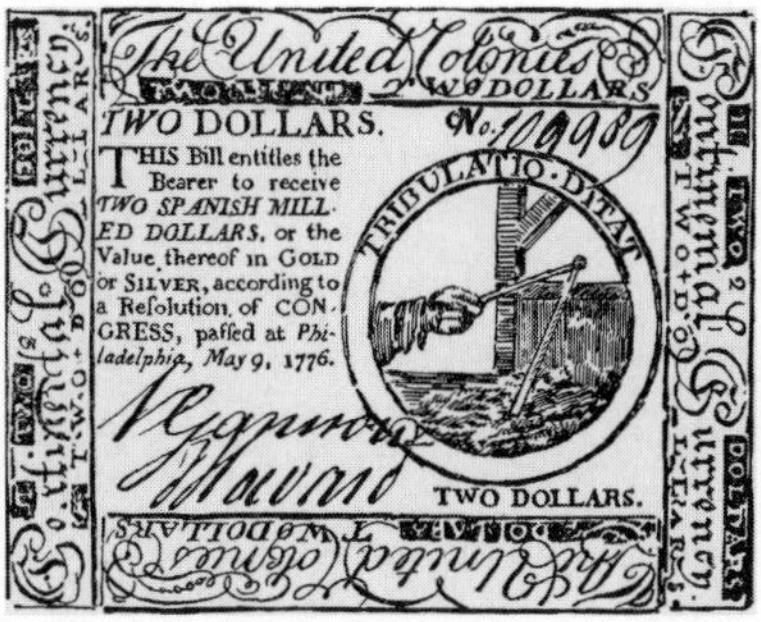

▼**大陸紙幣**(Continental Currency)
独立戦争中に、戦費をまかなうために大陸会議が発行した紙幣。不換紙幣であったため、しだいに通貨価値が下落し、紙くず同然となった。

戦時中、大陸会議は、邦の許可なく兵を募り士官を任命すること、大陸紙幣▲の受領を拒む者を逮捕すること、邦の許可なしに糧食と軍需品を徴発すること、戒厳令を出すことなど、ワシントンに非常時の権限を授権しようとした。邦議会からも、同じような権限を彼に与えるようにと、大陸会議にたいして要請がなされている。しかし、ワシントンは、このような権限強化の試みには一貫して反対し、むしろ、大陸会議の強化を訴えている。彼は、一七七六年三月、「私は、自分の権限を広げることを好ましく思っていません。『貴殿の権限はここまでであり、これ以上の権限を行使すべくにあらず』と大陸会議が命をくだしてくれさえしたら、私は、任務についているあいだそれに背くことはないと誓うでしょう」と述べている。ここで示されている大陸会議への態度は、戦争終結まで変わることがなかった。

大陸軍の士官・兵士のなかには、給与の不払いや年金制度の不備にたいして不満をもつ者があった。ワシントンは、その不満が大陸会議の権威・権力への不満に転化しないようにつとめた。他方、教養層や大陸軍が駐留した場所に住む市民たちのあいだでは、大陸軍はイギリスの常備軍に重ね合わせてとらえられ、自分たちの自由を侵害する専制の道具であるとの警戒心が高まった。それにたいして、ワシントンは、戦いをあらゆることに優先させがちな士官たちと下層民▲から調達され秩序志向的とは必ずしもいえない兵卒とからなる大陸軍に、市民の自由や日常生活を脅かすことのないよう規律づけようとした。このようなワシントンの行動は、大陸会議のある議員がいだいた「政治的および市民的自由は、銃声の鳴り響くなかでも、純粋に享受できるのだろうか」という憂慮を払拭することができたといえよう。

　ワシントンの辞任式がおこなわれた連合会議の議場では、連合会議の議長および議員たちが上座に位置し、ワシントンは下座に立っている。議長であるトマス・ミフリンは、彼にむけて祝辞を述べた。「あなたが成し遂げた偉大なる功績は、何よりも文民権力へのゆるぎない信念と、それを追求するための知恵をもって、苦難のつづく戦争を指揮したことにありましょう」。議場を描いた絵に表現されているように、すでに建国のときにおいて、政軍関係で説かれる文民優位の原則は維持されていたのである。この原則は、民兵神話▲とともに、諸邦連合（合衆国）の反常備軍思想として定着していく。

▼下層民　兵士に長期にわたって戦いつづける動機づけを与えるのは難しい。士官となった人たちは戦闘意欲が高かったが、兵卒となるべき一般の人たちのあいだには戦争への無関心が広がっていた。愛国心のある自営農民や職人はたしかに多く存在したが、彼らは、民兵こそが自由の担い手であるという意識が強く、大陸軍の募集に応じなかった。したがって、兵卒は、その多くを社会下層から募集することになり、従軍期間や給与が彼らの主たる動機づけとなった。

▼民兵神話　独立は民兵によって勝ちとられたという神話。ワシントンの副官であったハミルトンは、連邦憲法の批准を訴えた論考のなかで、「民兵こそ、国の自然な堡塁」であるという考え方は、「われわれの独立を失わせしめかねなかった」とのべ、「祖国の自由は彼らの努力だけでは達成しえなかった」と論じている。

ワシントンの大陸軍総司令官辞任式

②—フィラデルフィア会議

シンシナティ協会

ワシントンは、文民優位の原則に忠実に従った行動をとったが、平時における常備軍に反対していたのではない。彼は、大規模な大陸軍を残すという意見には反対しつつも、平時に一定規模の大陸軍を再編成して維持することを大陸会議に提案している。大陸会議も、ついには、当初の提案より規模を縮小したワシントンの大陸軍案を受け入れた。しかし、憲法批准をめぐる論争において、連邦憲法案に規定された軍隊の徴募（連邦憲法第一条第八節）が激しい反発をまねいたことに示されるように、平時における常備軍は共和政の理念とは相いれないという考え方はアメリカ社会に根づいていた。

大陸軍に従軍していた兵士たちの大半は、文民として一般社会へと復帰していった。しかし、八年間におよぶ戦争は、士官たちのあいだにある種の「団体精神」を形成していた。そうして、その精神を維持すべく、一七八三年五月、大陸軍の解散に先立って、彼らは、「シンシナティ協会」を設立している。基

▼「シンシナティ協会」の会員 フランス陸軍およびフランス海軍の士官も、ある階級以上であれば、会員になることができた。この協会は、現在まで存続している。

本的には、最近三年間大陸軍および大陸海軍に従軍していた士官およびその長男子(会員である士官が死亡した場合)が会員▲になることができた。

シンシナティという名称は、古代ローマのキンキナトゥス(Cincinnatus)という人物に由来している。彼は、共和政の執政官を務めたのち再選を拒んで農園に戻っていたが、非常時に元老院から独裁官に任命されるとそれを拝命し、戦争が終わると、その役職を辞して、再び農園に戻った。古代ローマの共和政を建国の範例としていた大陸軍の士官たちにとって、キンキナトゥスは、その身の処し方のならうべき理想像であった。協会のモットーは、「Omnia relinquit servare rempublican(彼はすべてを擲《なげう》って国家を救った)」である。

協会の会長にはワシントンが選ばれた。独立戦争がつづいた八年間、一度も自分の農園に戻ることがなく、総司令官としての俸給を受け取らず、だれにたいしても公平で、無私の精神で共通の大義のためにつくし、戦争終結とともに、その指揮権を返納したワシントンが、この協会の長に就いたのは、象徴的な意味でも当然のことであった。

「シンシナティ協会」は、(一)勝ちとった権利を守ること、(二)諸邦間の連合の継続を維持すること、(三)会員、および、その寡婦および遺児を援助すること、という三つの目的を掲げている。設立目的を言葉通り読むならば、同協会は、独立の大義を掲げる元大陸軍兵士たちの親睦・慈善団体のようにみえる。しかし、設立直後から、「シンシナティ協会」は、会員資格が大陸軍士官にかぎられていたこと、大陸軍の兵卒および民兵隊の士官は原則として入会できなかったこと、世襲制であったことなどが、軍事的貴族政さらには君主政の導入を謀っている秘密結社めいた団体であると批判された。

ワシントンを困惑させたパンフレット▲は、「シンシナティ協会もしくは同盟について考察し、それが世襲的な門閥もしくは貴族制の一族をつくり出すことを証明し、共和政の自由と幸福とにおよぼす影響についての考察を差し挟む」と題されていた。ワシントンは、友誼の維持と慈善基金の創設という観点から協会の設立を歓迎していたが、このパンフレットは、世襲の貴族政を諸邦連合に持ち込むことに、この結社の真の目的があると断じ、アメリカの共和政を維持するためには、「シンシナティ協会をアメリカ全体から一掃」すべきであると説いている。

▼ワシントンを困惑させたパンフレット　サウスカロライナ邦の元民兵隊士官で、のちに最高裁判所主席判事になるアエダナス・バークが、一七八三年に作成したパンフレット。

このパンフレットの主張が反響を呼んだのは、その議論の内容に説得力があったからではなく、シンシナティ協会の設立が共和政の実験にとって不安な要素を含んでいるととらえられたからであった。第一に、世襲制の導入は、いかなるかたちであれ、当時は反共和政的な制度であるとみなされていた。ワシントンから協会についての見解を問われたジェファソンは、この協会は「人間の自然な平等……とりわけ、生来的な優位の否定」という共和主義の理念に反しており、会員資格を世襲制とすることによって「才能、官職、および、富をもつすべての人間を協会へと引き入れていくでありましょう」と回答している。

第二に、独立戦争が終わり、各邦の人々が諸邦連合の一体性にたいする関心を失っているなかで、大陸軍のなかで醸成されていた国家的《ナショナル》な意識とそれを結社原理とする協会は、連合規約に規定されていた「独立し、主権を有する」諸邦の「友好同盟」を否定しているように映った。当時存在していたすべての結社のなかで、「シンシナティ協会」は、唯一、全邦に支部をおいており、全邦大会を開催することを設立の規定に定めていた。全邦を組織化している機関としては連合会議があったが、同会議は、戦争の終結後はつねに定足数に足らず機能不全の状態にあった。「国家的な」という言葉も意識も、この時期には、まだ共和政とは相いれないと考えられていた。

　第三に、「シンシナティ協会」は、会員に外国人を含んでいた。協会の設立大会で議長をつとめたのは、プロイセンの男爵であるシュトイベンであったし、会員には、フランスの侯爵ラファイエット、ベラルーシ系貴族に連なるコチュウシコなどがいた。設立の翌年には、ルイ十六世もフランス支部の会員になっている。そもそも、いかなる結社であれ、政治的には穏健派と急進派に分かれ、経済的には富裕層と非富裕層とに分かれていた社会においては、「党派」とみなされかねなかった。全体の利益＝公共善を追求する共和政の実験にとって、部分利益＝「党派」は危険な存在であった。加えて、古典古代以来外国からの影響におかされた「党派」によって共和政は解体させられてきたというのが、この時代の人々の理解であった。

　ワシントンが「シンシナティ協会」の設立を深刻に受け止めたのには、このような背景があった。彼は、協会が政治的結社とみなされかねない規定の文言を削除すること、会員の世襲制を廃止すること、会員であることを示す紋章を

▼**コチュウシコ**（一七四六〜一八一七）　ポーランド・リトアニア共和国の将軍、政治家。一七七六年に義勇兵として大陸軍に参加し、八一年まで従軍。最後は、准将に昇格。

▼二ドル紙幣　表面はジェファソンの肖像。裏面は独立宣言への署名の場面。現在も法定紙幣であるが、市中で使用されることはほとんどない。ヴァジニア邦モンティチェロにあるトマス・ジェファソン館のギフトショップで、二ドル紙幣はお土産として売られている。

身につけないことなどを含む改革案を提案するとともに、もし受け入れられなければ会長を辞するという意思も協会に伝えている。

ワシントンの提案は、いくつかの邦の支部では部分的に受け入れられたものの、協会全体としてみれば、ほとんど拒まれたといってよいだろう。にもかかわらず、彼は会長職にとどまりつづけた。ワシントンが平等化が進行しつつある社会で世襲的貴族制の団体と批判されつづける団体を去らなかったのは、その団体に向けられた警戒心を解くためであった。実際、初期の共和国の歴史において、「シンシナティ協会」が政治的結社として活動することはなかった。

ワシントンは、一七八六年に、国内産業の育成、質素な生活、外国への経済的依存の拒否を目的とする「愛国団体(patriotic society)」が彼の甥を中心に結成されたとき、それが「帝国内帝国」となり「公共の方策をさまたげる」と述べ、それに強く反対している。彼にとって、党派性は共和政を腐敗させていく「弊害」だったのである。

キンキナトゥス

　大陸軍の総司令官を含めていっさいの公務を辞するというワシントンの決断は、国内でも海外でも衝撃をもって受け止められた。現在も使われている二ドル紙幣やワシントンの肖像画で知られている画家ジョン・トランブルは、ロンドン滞在中にこの知らせを聞き、この引退は「こちらでは驚愕と賞賛とを引き起こしている」と書いている。ジョージ三世も、もしワシントンが公務から退き農場へ戻るならば、「彼は世界でもっとも偉大な人物となるだろう」と予言したといわれている。ジェファソンは、一七八四年に、「一人の人間の穏和と徳とが……ほかの多くの革命とは異なり、革命が確立しようとしていた自由を破壊することによってこの革命が終わりを迎えるのをおそらく防いだといえるでありましょう」とワシントンに書き送っている。

　ワシントンは、国のために無私の精神で奉仕するという古代ローマ的な愛国者像に忠実に生きようとした。彼は、自分が「アメリカのキンキナトゥス」に擬《なぞら》えられていることを自覚していた。当時のアメリカにおいて、ワシントンと並ぶ国際的および国内的な名声を得ていたのはフランクリン▲であった。しかし、

▼**フランクリン**（一七〇六〜九〇）
ペンシルヴァニア邦の実業家、政治家、著述家、発明家。アメリカ人の「原型」として語られることが多い。豊富な国際的人脈をいかし、外交において手腕を発揮した。大統領ではないにもかかわらず、一〇〇ドル紙幣にその肖像画が使われている。

▼**士官=「郷紳」**　士官学校制度が導入されていない時代、どこの国においても、基本的には、士官は貴族出身者がつとめた。アメリカ植民地においても、郷紳層から士官が任命された。

フランクリンの場合は、著述家や科学者としての名声であったのにたいし、ワシントンは、独立と建国の理念である古典的共和主義の理念の体現者としての名声であった。共和政実現への道が模索されればされるほど、ワシントンの「アメリカのキンキナトゥス」化は進行していったといえるだろう。

ワシントンは、独立宣言が謳い上げている「平等」が共和主義革命の理念であることを認識していたが、社会が平等原理で再編成されなければならないとは考えていなかった。十八世紀後半は、なお、社会は階統制《ヒエラルヒー》的に構成されていた。キンキナトゥスがパトリキ(貴族)であったのと同じように、彼は、自分が一般民衆とは区別された存在であるという態度で振る舞った。ワシントンの超然とした態度は大陸軍時代から悪名高かったが、彼は意識的にそうしていた。画家のギルバート・スチュアートは、ワシントンの肖像画を書いていたときに、彼が寛いだ表情をなかなかみせようとしなかったのに困り果て、「さて、閣下、閣下は、私に、あなたが将軍ワシントンであり、私がスチュアートであることを忘れさせせなければなりません」と訴えたとき、ワシントンは、冷淡に答えたという。「スチュアート君、君は、彼がだれであり、将軍ワシントンはだれな

▼ハミルトンとバアの決闘　一八〇四年七月十一日にニュージャージー邦ウィホーケンでおこなわれた。決闘の直接の原因は、一八〇四年のニューヨーク邦知事選挙に出馬したバアの人格をハミルトンが非難したことである。この場所は、ハミルトンの息子が父親の名誉を守るために、一八〇一年にバアの友人であるジョージ・イーカーと決闘をおこなった場所でもある。決闘の場所は、現在は、ハミルトン・パークとなり、マンハッタンの夜景をみるための観光スポットとなっている。

のかを忘れなければならないと感じる必要などないのだよ」。

ワシントンが何よりも追い求めていたのは、軍事的な偉業の達成や政治における卓越した指導力ではなく、道徳的な人格の形成と維持であった。彼は、フランクリンが一七八〇年代にパリ講和会議の交渉団の一員となるなど公務に復帰したことを、過ちであるとみなした。彼によれば、政治の世界に入っていくことは、それまでフランクリンが国際的に築き上げてきた名声を失う危険を孕《はら》んでいた。

名声とは「名誉」と同義であり、十八世紀後半のアメリカにおいても、なお、一般民衆とは異なる「郷紳層(gentry)」に不可欠の情念であると考えられていた。名誉を守ることが行為格率であった。独立戦争中の士官＝「郷紳▲」は、捕虜となった場合、恭順の意(parole)を表明すれば拘束を解かれえた。一八〇四年に、ハミルトンが政敵バアと決闘▲をしたのは、失われた「名誉」を回復するためであった。ワシントンが、「シンシナティ協会」の改革を訴えつづけたのは、この協会は貴族制的な団体であるという世評を改めないかぎり、古典的な徳の持ち主であるという自分の名声が汚されるのではないかと憂慮していたからである。

ワシントンを悩ませたもう一つのできごとがあった。一七八四年から八五年にかけて、ヴァジニア邦議会は、ヴァジニア邦にたいする彼の貢献に感謝するとともに運河建設の大義となることを見込んで、運河建設をおこなう「ジェイムズ川会社」と「ポトマック川会社」の株をあわせて一五〇株寄贈することを申し出た。運河建設は、ワシントンがもともといだいていた構想であったし、また、彼は、運河事業で財をなすことを期待してもいた。しかし、彼は、株を受け取るべきではないと思ってもいた。なぜなら、もし、株主になったならば、それは「年金と同じものとしてみなされる」だろうし、徳の持ち主という名声を傷つけることになるからである。他方、ワシントンは、株の贈与を拒否すれば、邦議会への「礼を失した」振る舞いとみられるかもしれないし、また、「うわべだけ無私をよそおっている」ように受け止められるかもしれないと憂いた。

ワシントンは、つぎつぎに書簡を送って、意見を求めた。ジェファソン、邦知事ヘンリー、大陸軍の士官で「シンシナティ協会」会員であったウィリア

▼マディソン（一七五一～一八三六）ヴァジニア邦の政治家。連邦下院議員を務めたあと、ジェファソン政権での国務長官を経て、第四代大統領（在任一八〇九～一七）となった。フィラデルフィア会議での憲法案審議を主導した。

ム・グレイソン、前邦知事ベンジャミン・ハリソン、親友であるジョージ・ウイリアム・フェアファックス、大陸軍元将軍ナサニエル・グリーン、パリに戻っていたラファイエット。ワシントンが、彼らにたずねたいことは一つであった。「この問題は、世界の人々の目にはどのように映るのでしょうか」。彼は、この問題で「少なからず狼狽している」と心境をもらしている。

「シンシナティ協会」問題と同様、ジェファソンが、この株取得問題についてワシントンを決断させる助言を与えている。ジェファソンは、株の受け取りを差しひかえることは、あなたが無私の精神をもっているという評判を高からしめることにしかなりませんと伝えた。ワシントンは、贈与された株をワシントン・アンド・リー大学に寄贈している。

フィラデルフィア会議

「名誉」を行動規範とするワシントンの以上のような態度を考えるならば、彼が、一七八七年五月にフィラデルフィアで開催された会議に参加するのを躊躇したことは容易に理解できるだろう。マディソン▲やハミルトンなど、この会議を提案した人々のほとんどは、連邦の一体感が失われているなかで連合規約を改正する会議が正統性をもつためには、ワシントンの存在が不可欠であると確信していた。しかし、ワシントンはここでも迷っている。彼は、デイヴィッド・ハンフリーズ▲とヘンリー・ノックス▲宛に、意見を求める書簡を「他言無用で」と断り書きを入れて送っている。「この点について、すなわち、私が出席すべきなのかについて、公衆の期待はどうであるのか、他言無用で」伝えてほしい。「この会議に出席しないことは、共和主義にたいする義務怠慢行為とみなされないだろうか」。

ワシントンは、連合規約の改正は必要であると繰り返し主張していた。そして、もし、フィラデルフィア会議が失敗に帰したら、それは「その会議に参加していたすべての代議員にとっても、また、とりわけ私のような立場にある人間にとっても、承服しがたい状況となるでありましょう」とワシントンは書いている。しかし、彼は、自分には「この会議に出席する義務はない」とも述べる。「私のような立場」というのは、いっさいの公務から退いていることを指す。会議開催の必要性を熱心に訴えながら、他方では、引退していると言明し

▼デイヴィッド・ハンフリーズ（一七五二〜一八一八）　大陸軍でワシントンの副官を務めた。ワシントンとは家族ぐるみの親交があった。

▼ヘンリー・ノックス（一七五〇〜一八〇六）　ワシントンの辞任後、大陸軍の最高位の将校になった。一七八五年には、連合会議により陸軍長官に任命され、連邦憲法制定後も、ワシントン政権の初代陸軍長官を務めた。

たことをくつがえすことが「名誉」の喪失につながることを恐れている。フィラデルフィア会議の開催を前にして、「キンキナトゥス」を生きようとしていたワシントンの心は揺れていた。

ワシントンに会議への出席を決断させたのは、やはり、「名誉」であった。彼は、もし自分がフィラデルフィア会議に参加しないまま同会議がアナポリス会議▲と同じように不首尾に終わったら、人々のあいだで、ワシントンは軍事的な政権をつくることをもくろんで連邦の政府樹立が失敗に終わるよう望んでいたのだろうという疑いが生まれるかもしれないという懸念をいだいた。ワシントンにとって、公務から身を遠ざけておくよりも、人々のこのような疑念を晴らすことのほうが、「名誉」を維持するうえでは優先されるべきであった。彼の決断を受けて、マディソンは、ジェファソンに宛てて、「名誉ある隠遁《いんとん》生活を捨てたこと、そうして、引退することによって得た名声を危険にさらしたことは、……公共の利益への熱意をあらわしている」と書いている。また、ノックスは、ラファイエットに宛てて、「彼は、名声を確実にしていたにもかかわらず、ふたたび、その名声を時代の変転のなかにさらしている。彼の国の危機

▼アナポリス会議　一七八六年に、メリーランド邦アナポリスで開催された会議。ヴァジニア邦は、ほかの一二邦にたいして出席するよう求めたが、参加したのは、同邦を含めて五邦だけだった。ほとんどなにも決議することなく、翌年五月に、フィラデルフィアで連合規約改正のための会議を開催することを決めて閉会した。

的な状況がなければ、彼は、これほど危険な行動に出ることはなかったでありましょうに」。

連邦憲法案が公表されると、ワシントンは、彼がこれも恐れていたように、フィラデルフィアでの陰謀に名前を貸したと非難された。「トロイアの木馬が、ギリシア人たちによって、彼らの宗教の聖なる儀式であると騙って持ち込まれたのと同じように、同輩市民のみなさん、あなた方のなかにいる野心的な専制者たちが、自分たちの自由への陰謀をおおい隠すために、ワシントンという名前を悪用している」。まさに、ノックスが述べているように、ワシントンは危険に身をさらした。しかし、彼は連邦を救うことのほうを重視した。彼は、過去に獲得した「名誉」を失うという危険をおかしてまでも、未来に向けて「名誉」を投企するという選択をしたのであった。

フィラデルフィア会議が招集されると同時に、ワシントンは議長に推挙された。彼と同じくこの会議に正統性を付与する役割を果たしたフランクリンは、審議にも加わり、発言を繰り返している。他方、ワシントンは、実質的な審議が「全体委員会」でおこなわれていたこともあり、議長職は名目であったよう

▼「尊厳的部分」　イギリスのジャーナリストであるウォルター・バジョットが『イングランド国制論』で使っている概念。彼は、イングランドの国制を「尊厳的部分」と「機能的部分」とにわけて考察している。「尊厳的部分」とは、国民の感覚に訴えて、国の統合をおこなう機能のこと。国王や貴族がその役割を果たす。党派から超然としていることが、彼らに尊厳を付与する。「機能的部分」とは、実際に政治を担当する内閣や議会が、その機能を遂行する。

▼三分の二以上の邦の批准　連合規約では、その改正には一三邦すべての同意が必要であると定められていた。しかし、フィラデルフィア会議では、連合規約の改正案である連邦憲法案は、三分の二以上の多数の邦の批准が得られれば、発効するという提案が承認されていた。マディソンは、『ザ・フェデラリスト』のなかで、「実質は形式に優先する」と論じ、フィラデルフィア会議での憲法制定は、ある種の革命的行為であったことを認めている。

ワシントンの邸宅（ヴァジニア州マウント・ヴァーノン）　黒人奴隷の住居は本棟から離れたところにある。ヴァジニア州にあるモンティチェロのジェファソンの邸宅では、本棟からのびる左手回廊の下が黒人奴隷の住居で、右手回廊の下が家畜小屋となっており、黒人奴隷の住居と家畜小屋とが、左右対称の位置にある。ジェファソンは、黒人奴隷にたいして温情的であったといわれるが、彼らを家畜と同じ空間においてもいる。

にみえるかもしれないが、会議の議長として「尊厳的部分▲」を果たしたといえるだろう。政治においては、「存在（プレゼンス）」が意味をもつ場面がある。マディソンは、ジェファソンに、「彼の影響力によりこの政府が承認されるのを確信している」と述べている。

ワシントンは、各邦で開催される批准会議で連邦憲法案が批准されるように、友人たちに精力的に書簡を送り、いかに自分がこの憲法案を支持しているのかを強調している。彼にとって、連邦憲法案の批准が、そのまま、彼自身の行為の批准でもあったのかもしれない。連邦憲法発布に必要とされる三分の二以上の邦の批准▲が達成されたあと、ワシントンは、農場のあるマウント・ヴァーノンでの生活に戻ろうとした。しかし、それは果たされない。設立される連邦政府の大統領にだれが就くのかは、自明であったからである。

③—大統領制

共和政と大統領

明治期の日本で、キリスト教賛美歌「あくまとたたかへ」として教会で歌われ、軍歌「すすめすすめ」として陸軍で歌われた曲がある。その後、この曲は、昭和に入ると、「お玉杓子は蛙の子」、あるいは、「権兵衛さんの赤ちゃん」として巷間で歌われるようになった。元歌は、「リパブリック讃歌(Battle Hymn of the Republic)」であり、これは南北戦争中の北軍兵士のあいだで歌われていたといわれている。歌詞に「ヨハネ黙示録」の影響がみられるというこの曲は、ジョーン・バエズやエルヴィス・プレスリーなどの歌手によってカバーされ、冒頭の歌詞にある「怒りの葡萄」は、ジョン・スタインベックの小説の題名となり、歌詞の一節はキング師の演説でも引用されている。これらの例をあげただけでも、「リパブリック讃歌」が「第二の国歌」といわれていることが理解できるだろう。「アメリカ合衆国」と呼ばれている国は、その憲法に、「共和政体」を保障すると規定していることからわかるように、共和政の国として建国された。「共和政」であることが、この国の誇りであり、かつ、アイデンティティでもある。

現在では、世界中の多くの国で、国名に「共和国」がつけられている。しかし、十八世紀後半においては、共和政を名乗る国は少なかった。よく知られていたのは、ネーデルラント連邦共和国である。当時、この共和国は、かつての覇権を失い、国内では党派対立を激化させていた。イギリスは、君主政であったが、「リパブリック」と同義である「コモンウェルス」を用いており、それは、この時代のイギリスの混合政体を指して使われていた言葉である。アメリカの諸邦は、この政体から独立している以上、イギリスを範例とすることはできなかった。このように、共和政は、十八世紀の歴史をみているかぎり、言祝《ことほ》がれる政体ではなかった。にもかかわらず、独立した諸邦において共和政の理念が掲げられつづけたのは、古代ローマの共和主義がイングランド経由でアメリカに浸透していたからである。

ところで、アメリカと同じく、共和政の樹立をめざした大革命後のフランスでは、一院制がとられ、国民公会にすべての権限を集中させている。旧体制下では執行権を行使する君主が専制的支配をおこなっていたため、革命によって国民(人民)主権による体制樹立をめざした動きが、国民の代表からなる議会(立法権)に信頼を寄せたことはいうまでもない。そうして、新体制が共和政を標榜するのであれば、「個別意思」ではなく「一般意思」の実現をはかるべく、いいかえれば、「私的利益」ではなく「公共の利益(res publica)」の実現をはかるべく、一院制の議会が設けられたのは、共和政の原理に忠実な制度化の試みであったといえよう。

では、連邦憲法で導入された大統領は、共和政の理念に反しないのだろうか。当時のアメリカにおいて、執行権とは、イギリスの君主が行使している権限であった。そうして、それはアメリカ人の目には専制的であった。したがって、憲法批准をめぐる政治・論争において、大統領制は警戒心をもって受け止められた。ハミルトンが、連邦憲法批准を訴えた論考▲において、強力な執行権の必要性を説くとともに、政府の活動力と実効性を高めることは、専制を生み出すのではなく、自由の原理および共和主義の精神を守ることになると訴えたのは、このような歴史的背景があったからである。大統領制は共和政の理念からは出

▼**連邦憲法批准を訴えた論考**　ニューヨーク市で発行されていた新聞に、ジョン・ジェイ(一七四五〜一八二九。初代最高裁判所主席判事)、マディソンとともに発表した論考と、批准終了後に書かれた論考とを編んで刊行されたのが、『ザ・フェデラリスト』である。

てこない。

このように、ほかの国の共和政の歴史や、当時根強かった執行権にたいする警戒心を一瞥するだけでも、アメリカ合衆国が共和政を採用し、かつ、それを大統領制として定着させたことは、解明するのが簡単ではない。にもかかわらず、アメリカ的な共和政の創造を理解するためにも、大統領制について考察しておく必要があるだろう。なぜなら、連邦憲法に定められた大統領制は、連邦レベルにおいて共和政を実現するための制度であり、そこには、憲法制定者たちの共和政についての考え方が表明されているからである。

連邦憲法の批准をめぐる論争において、擁護派反対派のいずれもが、論陣を張る際に多用した筆名が、プブリウス▲(Publius〈『ザ・フェデラリスト』の筆名〉)やカトー▲(Cato〈憲法反対派のジョージ・クリントン《初代ニューヨーク邦知事》〉)など、古代ローマの政治家・文筆家の名前であったことに示されるように、古代ローマの共和政が諸邦連合のモデルであった。そして、たしかに、連邦憲法は、古代ローマの共和政と同じく中央政府に元老院(Senate)を設けた。しかし、同憲法は、護民官を設置しなかったし、二人制の執政官(コンスル)も採用して

▼プブリウス　連邦憲法批准を訴えてニューヨーク邦の新聞に掲載された論考は、プブリウス(Publius)という筆名で書かれた。当時は、パンフレットや新聞への寄稿などは、本名ではなく筆名を使うのが一般的であった。プブリウスは、古代ローマにおいて、君主政を打倒し共和政を樹立するのを主導した四人の貴族のうちの一人。のちに、ローマの執政官になる。

▼カトー　古代ローマ共和政の政治家で弁論家。執政官にもなった。貧農の出身。「監察官カトー」として知られる。彼は、貴族の奢侈が共和政を腐敗させるとみなし、それを取り締まった。アメリカでは、連邦憲法反対派が筆名として用いた。

いない。一人制の大統領制は、共和政の歴史に前例を求められなかったのである。

当時において、一人制の執行権とは、いうまでもなく、君主政を意味していた。独立した一三邦のほとんどは、知事《ガヴァナー》を執行権者とした。各邦が、国王の代理人である総督という官職をそのまま使ったということは、執行権は単独の人間が掌握するという点で、君主政の延長線上に共和政がとらえられていたとも考えられる。知事制度を採用した多くの邦で、知事が議会によって選ばれていた点に着目するならば、議院内閣制のようにみえるかもしれないが、ほとんどの知事の任期が一年であったことや、知事の権限が弱かったことなどを考えると、そのようには理解できない。

連邦憲法

連邦憲法においては、「執行権は諸邦連合の大統領に属する」と規定されている。しかも、ほとんどの邦知事に認められていなかった権能についてまで大統領は管轄することになった。そのため、アンティ・フェデラリスツは、大統

▼**知事**(Governor)　植民地時代には、「Governor」は、国王に任命された勅任官であった。

▼**アンティ・フェデラリスツ**　連邦憲法の批准に反対した人々。集権的な中央政府(彼らは、連邦憲法で設立される中央政府をそのようにとらえた)に反対して、各邦の自律性を維持しようとしていた点では、「フェデラリスツ」と呼ばれるべきであった。しかし、集権的な中央政府を唱える人々が、「フェデラリスツ」を自称したため、「アンティ(反)」という言葉をつけて呼ばれるようになった。

領と君主とはきわめて類似していると激しく批判した。当時、フランスに派遣されていたジェファソンは、連邦憲法で規定されている大統領について「ポーランドの国王に似ている」と述べ、憲法では君主政の導入がはかられているのではないかとアダムズに書き送っている。ハミルトンは、『ザ・フェデラリスト』第六七篇以降で、両者の違いを説明するのに苦心している。しかし、そのハミルトンは、フィラデルフィア会議で、君主政を含むイングランド国制を賛美していたし、その国制は、古代ローマ的な混合政体であるという意味で、共和政であるとみなしていた。こうしてみると、アメリカがイングランドから継受した共和主義はイングランド国制をとおして理解されたことによって、共和政とは君主政的な要素を含む混合政体であり、したがって、連邦共和政の執行権は一人制もありうべしという考え方をもつ人々が出てきたのである。

もちろん、一人制は自明ではなかった。古代ローマの二人制の執政官だけではなく、ペンシルヴェニア邦でも、執行権は複数制であったたし、合議体である連合会議も立法権と執行権とをあわせもっていた。また、フィラデルフィア会議でも、北部・中部・南部からそれぞれ選ばれた代表からなる合議体として執行権を構成すべきであるという提案が出された。そうして、連邦憲法では、大統領は「同一任期で選任される副大統領とともに」、選挙されると規定されている。副大統領には、執行権はなんら分有されていないものの、大統領選挙において、二人に投票するという選挙方法は、一人制の執行権は君主政に近づくという警戒心を意識することなしには考案されなかったといえよう。ハミルトンが、『ザ・フェデラリスト』第七〇篇で、執行権の単一性をことさらに擁護しなければならなかった理由は、当時の社会にはたしかに存在していたのである。

ハミルトンは、第七〇篇において、「活力ある執行府」が共和主義的理念に抵触するのではないかという批判にこたえている。同篇を読むと、それは彼自身にとっても難問であったことがわかる。ハミルトンは、古代ローマの共和政が、自由や財産、秩序と安全を守るために、「独裁官」に「絶対的な権力」を付与した例をあげている。一人制の執行権が君主政はおろか専制をまねくという危険性と、それに頼らなければ維持できない共和政の脆弱さとのあいだで、ハミルトンの執行権論は展開されている。

では、連邦憲法は、大統領制を共和主義の理念のうちに組み込むような手立てを施していなかったのだろうか。連邦憲法第二条を制定の背景にまで立ち入って読むならば、そこには、大統領を君主の代替制度として読みかえつつも、大統領制を君主政から切り離そうという意図を窺うことができる。第一節第一項では、執行権は、「大統領(President)に属する」と規定されている。「Governor」ではなく、「President」が使われていることに、まず、着目すべきである。フィラデルフィア会議では、執行権者にGovernorという呼称を与えるという提案があったが、君主政的な色合いを帯びたその名称ではなく、連合会議の議長について用いられていたPresidentが採用された。連邦憲法は、執行権の名称に関するかぎり、執行権に尊厳的な意味を与えようとはしなかったといえるだろう。

第二条第二項では、大統領を選挙する選挙人は、人民による投票で議員が選ばれる邦議会が定める方法により任命されるように定めてある。したがって、人民は執行権者の選出に間接的ではあるが参加できるようにしてある点で、代表制としての共和政▲に合致した制度設計であった（第一回大統領選挙で、人民に

▼代表制としての共和政　マディソンは、『ザ・フェデラリスト』第一〇篇において、それまでの混合政体的に理解されていた共和政を代表制として提示し、直接民主制(pure democracy)と対比させた。

よる一般投票で選挙人を選んだのは三邦。多くの邦では邦議会の代議院が選出した)。ただし、任期を四年と定め、かつ、繰り返し選出されることを認めている(三選禁止となったのは、修正第二二条においてである〈一九五一年確定〉)点で、君主政のもつ持続性が念頭にあったといえよう。

さて、共和政という視点からみるとき、大統領制について、ほとんど挿話程度にしか注目されることがないけれども、もっとも重要な規定は第一節第三項である。一八〇四年確定の修正第一二条によって、選挙人が投票する二票は、それぞれ大統領候補と副大統領候補に投票することになったため、現在にいたるまで、よほどのことがなければ、第三項に規定されている代議院(下院)▲での決戦投票▲はおこなわれない。しかし、憲法制定者たちは、代議院での決選投票が常態となると考えていた。

第三項によれば、選挙人は、大統領と副大統領とを区別することなく二票を投ずることになっている。選挙人の最多の得票を得て、かつ、過半数を制した者が大統領になり、次点の人物が副大統領となる。今日のようにあらかじめ大統領候補と副大統領候補が定められて選挙がおこなわれるわけではない。実際

▼代議院(下院)　連邦議会の二院は、それぞれ下院と上院と呼ばれている。正式名称は「代議院(House of Representatives)」と「元老院(Senate)」である。この正式名称には憲法制定者の制度設計の意図があらわれている。下院は人民の代表であり、上院は邦の代表であると同時に、人民ではない人々＝郷紳層の代表であった。連邦憲法が第二院(上院)設計においてモデルとした古代ローマ共和政の元老院(Senatus)は貴族から構成されていた。

▼決選投票　連邦憲法では、得票が同数の場合もしくは過半数を得る候補者がいなかった場合には、下院で決選投票をおこなうという規定がある。一八〇〇年の大統領選挙では、三六回の決選投票がおこなわれた。一八二四年の大統領選挙も下院での決選投票に持ち込まれた。

には、ペンシルヴェニア邦やニューヨーク邦など、邦政治が党派政治としておこなわれていた邦があったとはいえ、「公共の利益＝全体の利益」の実現をめざす共和主義と、「部分の利益」を追求する党派とは相いれない。したがって、党派が一体となって自分たちのなかから大統領の候補者を選ぶという選挙は予定されていなかった。

また、選挙人は、同一の邦から大統領と副大統領が選出されないように、二票のうち少なくとも一票については「選挙人と同一邦の住民でない」人物に投票するようになっていた。このような選挙制度において、選挙人投票で過半数を制することは難しいだろう。第三項は、例外的事態への対処を定めてあるのではなく、いわば通則となるはずであった。そうして、決選投票が人民の代表である代議院でおこなわれるという規定に示されるように、共和政＝代表制の理念は、ここにも反映されていた。

ワシントンと共和政

このようにして、大統領制は「共和政を保障する」（連邦憲法第四条第四節）ことを謳った連邦憲法に法的に位置づけられた。しかし、憲法における規定が、そのまま大統領制に正統性を与えるのではない。制度の具体的な運用がそれに正統性を付与していくという論理は、大統領制にも当てはまる。

憲法制定者たちが、大統領制を構想するときに、大統領になるべき人物として念頭においていたのは、ワシントンであった。連邦憲法では大統領の権限しか規定されていない。とはいえ、君主にかえて人民によって政治権力を基礎づけたけれども、長くイングランド国制のもとにあった人々は、権威＝尊厳的部分のない社会への転換をすみやかにはかることはできなかった。そうして、ワシントンは、ジョージ三世に代わって尊厳的部分を果たすにはあまりある個人的属性をもっていた。

連邦憲法の発効前から、いや、憲法案審議の際にも、執行権を掌握するのはワシントンであるというのが、衆目の一致するところであった。繰り返しになるが、その理由は、彼がアメリカ諸邦の独立を勝ちとった軍事的英雄であったからではなく、彼の行動格率が共和主義的原理に則《のっと》っていたからであった。

歴史的にみれば、軍事的偉業は、カエサルやクロムウェル、ナポレオンがそうであったように、民衆からの圧倒的な支持を得るが、同時に、共和政にとっては脅威となる。アメリカ合衆国では、グラント将軍やアイゼンハワー将軍など、軍功の誉れ高い軍人が大統領となっているが、それは、彼らが共和主義的理念の体現者であるとみなされたからではない。それにたいして、ワシントンの場合には、すでに明らかにしたように、「アメリカのキンキナトゥス」として、共和主義的な理念――公共の利益の追求に献身する有徳者であることを生きようとしたことが、大統領にふさわしい人物という評価が与えられることになった。

このような期待があったにもかかわらず、ワシントンは大統領に選出されることを辞すべきではないかと煩悶している。すでに、フィラデルフィア会議への出席で公務への復帰を果たしていたが、同会議議長という公職への一時的な復帰と選挙で選ばれつづけるかぎり任期に制限がない大統領職とは、分けて考えなければならない。大統領職に就くということは、私生活へ戻ることができない公務への復帰となるかもしれなかった。彼は、友人のリーに心のうちを明かしている。私は、公的な生活から完全に引退することをすでに確約していた。

▼ユリシーズ・シンプソン・グラント（一八二二〜八五）　南北戦争時の北軍（連邦軍）の将軍でリー将軍率いる南軍（アメリカ連合軍）を降伏させた南北戦争の英雄。一八六八年に共和党の大統領候補となり、選挙後、第一八代大統領となった。

▼ヘンリー・リー（一七五六〜一八一八）　大陸軍の元将校。

それは広く知れ渡っている。それなのに、もし大統領の職を引き受けたならば、「無分別とか野心とはいわれないまでも、軽率で一貫性を欠くという非難」を受けはしないだろうか。私は、「同輩市民の自分への評価を尊重する」が、他方、「社会的義務や徳を擲《なげう》ってまで人気を得ようとは思っていない」。しかし、私は、「名声ばかりを気にしている」と思われたくない。「私は、私の国にとって善であると確信するときにはいつでも、自分の世評を危険にさらさなければならない。私自身の名声を気にかけることは、きわめて重要である目的と競合関係に立つことはない」。ワシントンは、公務への奉仕の義務か「名誉」の維持かで揺れ動いていた。

ワシントン自身も認識していたように、公務からの引退という表明と私生活への隠遁が、「名誉」を保障することにはならない。かつての副官ハミルトンは、ワシントンにたいして、「連邦体制にあなたの今後の助力を提供するのではなく、拒むという選択のほうこそ、あなたにとって貴重であるに違いなく、かつ、貴重であるべきである名声を危うくする」と助言している。この助言を受けてから、ワシントンは、公務への復帰こそが「名誉」につながるとみなすようになったという。一七八八年十二月中旬からおこなわれることになっていた大統領選挙を前にした十月二十六日、彼は、かつての同僚ベンジャミン・リンカン▲に宛てて、「わが同胞たちの私へのただならぬ愛着ゆえに、私の公務への奉仕を絶対的に必要としているという確信と、大統領職を拒むことで生まれるかもしれない憶測、すなわち、私が、わが国の福利よりも、私自身の名声や個人的な安逸を維持することを優先しているという憶測を恐れることがなければ」、自分は引退生活をつづけることを断念しなかっただろうと書いている。

今日からみれば、ワシントンの「名誉」へのこだわり、および、それと密接に関連する公務にたいする拒否反応や自分にたいする評価への敏感さは、いささか奇異に映るかもしれない。ワシントンが行動格率とした「名誉」と「徳」は、それぞれ貴族の価値であり古典的共和主義の価値である。われわれが、もし、彼の行動に違和感をもつとすれば、それは、われわれがワシントンの生きた世界とは異なる価値観のなかで生きているからである。しかし、十八世紀後半の人々は、これまで引用した書簡からも明らかなように、無私の精神をもって公共善を追求することが指導者には不可欠な能力であるという信念を共有し

▼**ベンジャミン・リンカン**（一七三三〜一八一〇）　元大陸軍少将。イギリス軍を降伏させたヨークタウンの戦いでは、ワシントンの次位の将官として大陸軍を指揮した。

ていた。

もちろん、この時代には、すでに現代までつづいている人間について支配的な見方——人間とは利益を追求する情念をもつ動物である——が、独立戦争によって広がりつつあった。独立戦争は人間の利欲的な行動を解放した。政治が、「徳」や「名誉」ではなく、「利益」によって語られる時代が始まりつつあったのである。一七八六年に、ペンシルヴェニア邦議会で、同邦に設立されていた北アメリカ銀行▲の特許状の再延長が審議されたとき、同邦の西部選出のウィリアム・フィンドレイ議員はそれに強く反対している。彼によれば、銀行を支持する人々は、銀行関係者であるかその株主であり、したがって、「個人的に銀行に利益があると思って」いるにもかかわらず、「自分たちも当事者であるのに判事であるかのように振る舞っている」。本音の暴露は、この時代の論争にもありふれていた。ここで注目すべきなのは、フィンドレイが政治はそれでよいのだと主張していることである。「彼らのような立場にいる人間であれば、だれだって同じことをするだろう……彼らは、この議場で自分たちの言い分を唱える権利をもっている」。さらに、彼はつづける。彼らは、それゆえ、彼ら

▼北アメリカ銀行　一七八一年に、諸邦連合において特許状により設立された最初の銀行。事実上、最初の中央銀行としての機能をもっていた。銀行を支持したのは、おもに、郷紳層を形成する東部の裕福な商人たちであり、反対した人たちの多くは、西部の農民層であった。

に反対する人々が「彼らの唱えているのは彼らの言い分だ」と主張するのに反論する権利はない。フィンドレイにおいては、「利益」を追求するのは、それが公明正大になされるのであれば、政治において正当的な行為である。しかし、それを、「無私」あるいは「公共善」で偽装することは許されない。

郷紳が郷紳であるというだけで「敬意」を払われ、一般民衆が彼らの統治に服するという伝統は崩されつつあった。アメリカは民主化の時代に入りつつあった。「利益(interest)」が政治を語る言葉になっているときに、「無私(disinterestedness)」の証明は困難であった。郷紳層の一人であるマディソンも、『ザ・フェデラリスト』第一〇篇において、「党派」の弊害を論じているが、それが生まれるのは人々が自由にその才能を使って利益を追求するようになるからであると述べている。政治にとって「自由」は「不可欠」であるが、自由であるかぎり多種多様な「利益」が発生する。政治の目的は、このような人間の自由を保護することにある。マディソンもまた、利益を前提にして政治を構想していた。

しかし、それでも、マディソンを含めて郷紳層のあいだでは、古典古代的な

ワシントンの大統領就任式（一七八九年四月三十日）

人間観——人間は公共の利益を追求する政治的動物である——が、なお、影響力をもっていた。奇異に映るかもしれないワシントンの行動や発言は、有徳な指導者という古典古代的な理想像の追求のあらわれであった。ワシントン政権の副大統領をつとめ、彼のあとに第二代大統領となったアダムズは、ワシントンの行動様式にさほど高い評価を与えていないが、彼の妻であるアビゲイル・アダムズは、ワシントンの自己規律的な態度を賞賛している。「もし、彼が、世界を見渡してみて最善の意図をもった人間の一人でなかったならば、彼は、きわめて危険な人間になったでしょう」。権力をもっとも追求しないことが、ワシントンをアメリカにおいてもっとも威信のある人物にし、そうして、諸邦連合の統合の象徴となることを可能にしたといえるだろう。

かくして、大統領選出に関する憲法上の複雑な規定にもかかわらず、選挙人投票だけでワシントンは初代大統領に選ばれた。歴代の大統領のなかで、選挙人票の満票を得て大統領に選出されたのはワシントンのみである。各邦での連邦憲法の批准会議の投票結果をみると、批准反対は四割以上になる。「トロイアの木馬」に擬えてワシントンを批判した連邦憲法反対論があったことを考え

大統領就任式がおこなわれたフェデラル・ホール　当時、首都であったニューヨーク市のフェデラル・ホール(現ニューヨーク証券取引所近く)で開催された。

るならば、これは驚くべき結果である。次点となり副大統領となったアダムズの得票は、ワシントンの獲得した選挙人票の半分にも満たなかった。ワシントンに投じられた票以外、選挙人の投票が様々な人物に割れたということは、連邦代議院での決選投票が規定されたことの意味を改めて認識させてくれるし、諸邦連合が脆弱な政治体であったことにも思いがおよぶだろう。

④——大統領ワシントン

大統領職

十八世紀後半のヨーロッパおよびアメリカにおいて、共和政は永続するとはみなされていなかった。多くの共和政は短命であり、歴史上長続きした共和政は古代ローマのみであり、イングランド国制は共和政(Commonwealth)であったが同時に君主政でもあった。そうして、すでに述べたように、連邦憲法は、君主政的要素を取り入れることによって共和政体を樹立しようとした。

もちろん、君主政から独立したアメリカに君主政的なるものを移植することには抵抗があった。フィラデルフィア会議で、ウィルソン▲が、執行権は「単一の人間に存する」という提案をおこなったとき、議場には長い沈黙がつづいたという。代議員の一人は、もし、この提案が採用されるならば、「人民は、われわれがあまりにも君主政へと偏していると考えるでありましょう」と不満を表明している。

連邦憲法案が公開されたとき、アンティ・フェデラリスツが発した、新しい

▼**ジェイムズ・ウィルソン**(一七四二〜九八) 一七六五年に、スコットランドから移住してきた。フィラデルフィア会議では、もっとも発言回数が多く、マディソンとともに、審議を主導した。連邦最高裁判所設立時の判事の一人。

政府は「選挙君主政」になるだろうとか、「十八世紀の大統領は……十九世紀にはその上に王が接ぎ木される親株となるだろう」という批判は根拠がなかったのではない。副大統領となったアダムズは、公然とアメリカは君主政的共和政もしくは共和政的君主政であると論じていた。ジェファソンですら、ワシントンは一種の「選出君主」として終身の大統領となるだろうと期待していた。

前例のない大統領という職に就いたワシントンは、どのように振る舞えばよいのか迷っていた。彼は、一般民衆が君主にたいしていだいている警戒心に敏感であった。それもあってか、彼は、大統領職を一年だけ務めて辞し、後任に副大統領アダムズを据えようと考えたこともあった。ワシントンは、第一次就任演説の草稿のなかに、「神の摂理は、私の血や私の名前が、実子という、親愛の情をわきおこす、しかし、ときとして、人をたぶらかしもする経路を通して、伝え残され、永続化されることがふさわしいとは考えていらっしゃらない」、「(私には)遺産を残しておきたいと望む子どもはおりませんし、わが国の破滅のうえに偉大さを築き上げる家族もありません」という一節を書き込んでいる。就任演説の最終稿を書いたマディソンは、この一節を削除するよう助言したが、それにたいして、ワシントンは、人々に向けて、自分には君主になるという野心などまったくないということを明らかにしておきたいと返答している。

しかし、ワシントンは、連邦の強度は脆弱であり、したがって、統合の絆として大統領には威信がなければならないと認識していた。ここでも、彼は、独断におちいらず、まわりの意見に耳を傾けている。彼が助言を求めた人々のなかで、とりわけ影響力をもったのが、かつての副官であり、初代財務長官となるハミルトンであった。ハミルトンは、大統領ができるだけ「ヨーロッパの宮廷」のしきたりにしたがって振る舞うことを提案している。ワシントンを「閣下(Your Excellency)」と呼んでいた彼は、各省の長官、高位の外交官、上院議員だけに大統領への謁見を認めるべきだと主張していたように、超然としていることが君主がもっているような威信を大統領に与えると考えていた。また、副大統領アダムズは、ワシントンに、「威風堂々」とした装いを大統領職にもたらすように求めている。ワシントン自身も、親近感を醸し出すことは、「執行権の首位にある者がもつべき威厳と敬意を維持することには」ならないと述べている。彼は、俸給の五分の四を酒席に費やしたし、みずからを国王よろしく三人称で呼んだ。ワシントンが国内を移動するときの様は、あるイギリス人の目からみれば、さながら「行幸」のようであったという。

フェデラリスツは、中央政府にたいする不信感を認識していたとともに、中央政府が脆弱な機構になるかもしれないことを恐れもして、様々な方法で君主政のもつ尊厳的性質を大統領職に付与しようとした。ワシントンの誕生日は、独立記念日と並ぶ祝祭日として位置づけられた。ワシントンは、玉座から議会に語りかけたイギリス国王と同じように、連邦議会におもむいて教書演説▲をおこなった。連邦元老院と連邦最高裁判所の作成する公式文書には、イングランド国制で国王がおこなっていたのと同じように、大統領の署名が付された。連邦議会で大統領を呼ぶときの尊称が審議されたとき、アダムズは、たんに「His Excellency」(邦知事につけられた敬称)では不十分であり、「君主にふさわしい、もしくは、少なくとも皇子につけられている称号」が必要であると唱え、「His Highness the President of United States of America and Protector of their liberties」という尊称を提案している。しかし、共和政を採用し、憲法で貴族

▼**教書演説**　ワシントンは、連邦議会におもむいて演説をおこなっている。しかし、第三代大統領のジェファソン以降は、教書は議会に送付されるようになった。現在までつづいている議会での演説が復活したのは、一九一二年のウッドロウ・ウィルソンのときである。

制を否定した連邦憲法のもとでの大統領は、「Mr.」という非階統制的な平等主義的な敬称で呼ばれるようになる。それでも、繰り返しになるが、執行権とは王権に擬えてとらえられていた。

ハミルトンが深刻に受け止めたデイヴィッド・ヒュームの議論、すなわち、共和政を確立することとそれを維持することとは別の作業であるという主張は、大統領としてのワシントンには共有されていたかのようである。

ワシントンによれば、民衆の行動を動機づけるのは「自己愛と自己利益」であり、彼らは簡単にデマゴーグにあやつられてしまう。共和政が公共善の実現に献身できる有徳な人々を必要とするのであれば、アメリカ諸邦連合は共和政たりえない。彼は、強力な中央政府が存在しなければ、諸邦連合は、北部、中部、南部の部分的な邦連合に分裂してしまうというハミルトンの見解(『ザ・フェデラリスト』第一三篇)も共有していたようにみえる――ワシントンは、一七九〇年代半ばに、諸邦連合が解体したら、自分は北部に加わると述べている――。そうであればこそ、人々の愛着が邦に向けられており、国民意識がいまだ形成されていない状態にあって、ワシントンは、すでに述べたように、み

▼マーサ（一七三一〜一八〇二）マーサ・ワシントン。ジョージ・ワシントンの妻。一七五九年に、ジョージ・ワシントンと再婚。この結婚により、マーサが持参した財産を得たワシントンは、一万八〇〇〇エーカーの土地と八四人の黒人奴隷を所有して、ヴァジニアで有数のプランターとなった。

ずからを統合の象徴とすべく振る舞ったし、実際に地域間の一体化を促進するような活動をしている。各地域を代表するような二二の団体と挨拶を交わしたし、カソリックを含む様々な教派の教会の礼拝に参加した。副大統領にアダムズ（北部）を得たのち、国務長官にはジェファソン（南部）、財務長官にはハミルトン（中部）を任命したことに示されるように、ワシントンは、地域間のバランスに配慮しながら連邦政府の官吏の人事を進めた。連邦最高裁判所の六人の判事も北部（中部を含む）と南部から同数ずつ選んでいる。彼はまた、地域間の結びつきを強めるためのインフラ整備として、大西洋岸と内陸部を結ぶ国道（たとえば、カンバーランド国道）の敷設や運河（たとえば、エリー運河）の建設を推進した。さらに、彼は、妻のマーサ▲とともに、後年「共和政の宮廷」と呼ばれることになる社交界を主催し、諸邦連合の各地域の男女を結びつけ、さながらヴァジニアで形成されたような上層階層を地域横断的に形成することを企図した（ワシントン夫妻は、マディソン夫妻を含む一六組の縁組を成功させている）。

　つながりの弱い諸邦を一体化させるためのワシントンの振る舞い、行動、方策は、国家の創設とみなすことはできても、共和政の創設にはみえないかもしれない。君主政でもこのような方策はとられうるからである。しかし、彼の執行権の行使に君主政的な性質を読み取ることができたとしても、それが反共和主義的だということにはならない。アメリカがイングランドから継受した共和主義においては、共和政とは混合政体としてとらえられ、その政体の一つを構成する君主も、共和主義の言葉で語られていたからである。名誉革命以降のイギリスでは、政体は「制限」もしくは「混合」君主政であると論じられ、反英抗争が始まる以前のアメリカ植民地においても、イギリスの君主は、「暴君の断罪者、自由の擁護者」であり、「有徳さと英雄的な行為によって得られる輝かしい月桂冠を追い求めている」と説かれていた。イギリス国王は、無私の共和主義的指導者であり、帝国の「至高の裁定者」として君臨していた。

ハミルトンだけではなく、マディソンですら、ワシントンが終身、大統領の職にとどまることを望んだのは、大統領がそのような「至高の裁定者」でありつづけるかぎり、諸邦連合の政体は共和政的な性質をもちつづけられると考えていたからである。ワシントンが大統領の地位に恋々とするものではないと繰り返し表明していたことは、かえって、権力への執着＝反共和主義とみなされていた社会では、アメリカが共和政に向かっているという期待を強化したであろう。ワシントン自身、閣内でジェファソン国務長官とハミルトン財務長官との対立が抜き差しならなくなっていた一七九二年夏、両者に書簡を送って和解をうながすとともに、マディソンに宛てて、閣内対立を一つの理由として任期終了とともに引退したいとの意向をもらし、その場合の対応について助言を求めている。党派性が共和政を腐敗させるという認識をもっていたワシントンにとって、閣内の不一致はみずからが「至高の裁定者」たることをそこなう事態であった。

ワシントン政権

君主政とは、単一の人間に執行権があることだけを意味するのではない。君主政は、強力な権限、官僚制、常備軍、そうして、この時代についていえば、「官職・利益付与」▲を属性としていた。イギリスの首相にみずからを擬えていたハミルトン財務長官による財政・金融・経済政策は、彼にたいして不信感をいだいている人々には君主政を彷彿とさせた。

▼**「官職・利益付与」**(patronage) モンテスキューが高い評価を与えたイギリスの国制は、国王を頂点とする「官職・利益付与」の階統制的ネットワークでもあった。上位者は、庇護する下位者にたいして官職や伝手・縁故を世話することによって、自分への支持を調達した。アメリカ植民地がイギリス本国の君主政を腐敗した体制として批判したのは、このネットワークによってイギリス議会が内閣に籠絡されているとみなしたからでもあった。

そもそも、一三邦を統括する中央政府を設立することなどできないという意見は根強かった。モンテスキューが『法の精神』で説いた政体論、すなわち、共和政は規模の小さい国でしか実現できず、領土が広くなると、君主政になり、さらに広大になると専制に至るという政治社会の規模と政体との関係を論じた議論は、連邦憲法の批准をめぐって論争した人々のあいだでは広く影響力をもっていた。フィラデルフィア会議に参加しながら、憲法案に同意できないとして署名を拒んだジョージ・メイソンは、ヴァジニア邦の憲法批准会議でつぎのように述べている。

わたしのおもな反対理由は、連合が中央集権的統一国家になった点である……かくも多様な風土を擁し、その生活様式、習慣、習俗においてかくも異なる住民を内包する、かくも広大な国土に、一つの国家的政府が適しているなどと考えられようか。歴史の確証するところでは、およそ広大な国土の上にある政府にして、人民の自由を破壊しなかったものはない。また、歴史は、すぐれた論者の意見のごとく、君主政は広い領土に適し、専制はさらに広大な国土に適するかもしれないが、人民による政治は小さな領土にのみ存在しえるものであることを示している……一つの中央集権的政府が人民の自由を保障し、人民の権利を保障しうるか、疑問とせざるをえない。

マディソンが、『ザ・フェデラリスト』第一〇篇で、広い共和国を弁証しなければならなかったのは、広さ＝専制という観念が常識となっていたからである。すでに、『ザ・フェデラリスト』において、諸邦連合を連邦共和政としてとらえていたマディソンは、彼の目には、邦を自律的な政治体としてではなく、中央政府の下位機構としてとらえているかにみえるハミルトンの連邦政府強化策に、共和政への危機を読みとったのであった。一三の邦を束ねた政治体の空間は、当時のアメリカ人には、帝政と化したローマ、もしくは、古代ギリシア以来「東洋的《オリエンタル》専制」と呼ばれてきたアジアの広大な帝国と重ねあわせて考えられていた。以下で触れるハミルトンの連邦体制確立に向けての提案が、共和派という反対党の形成をもたらすほどの共和政擁護論を生んだ背景を理解するには、メイソンが論じた広大な領土を統治する政府の危険性という視点を欠かすことができない。

　さて、ハミルトンは、独立戦争時に各邦で発行され未償還のままであった邦債を含め、すべての戦時公債を連邦政府が市場価格でなく額面価格で買い上げようとした。これは、すでに邦債を独自に償還していた南部諸邦や債務を抱え額面価格をはるかに下まわる市場価格で公債を手放していた農民たち（当時の人口の約九割）からは、東部諸邦や、公債を底値のときに購入していた富裕層（郷紳層が多かった）を優遇する政策であるとして激しい批判をあびた。かつての盟友マディソンもハミルトンの公債引受の提案に反対した。彼は、公債の原保有者は、独立の大義のために公債を購入していた愛国的な人々であるにもかかわらず、生活苦から、額面価格より暴落した段階でそれを売却していたのに、その損失をなんら保障することなく額面価格で現保有者から買い上げることは、共和主義の正義に反すると論じた。この公債問題は、ジェファソンの仲介により、ハミルトンとマディソンとのあいだで、首都をニューヨーク市から南部の新しい場所（ワシントンD.C.）に移すことで妥協が成立し、連邦議会で承認された。

　公債引受に関連して、ハミルトンは、国立銀行設立▲に関する報告書を連邦議

▼国立銀行設立案　正確には、第一次国立銀行である。二〇年間の期間にかぎっての業務を認められた。「national bank」は「国立銀行」と訳されているが、現代的な意味での中央銀行ではない。連邦政府が保有する株も全体の五分の一であった。中央政府である連邦政府が特許状を与え、いくつかの邦に支店が設けられたという意味で「national」であった。

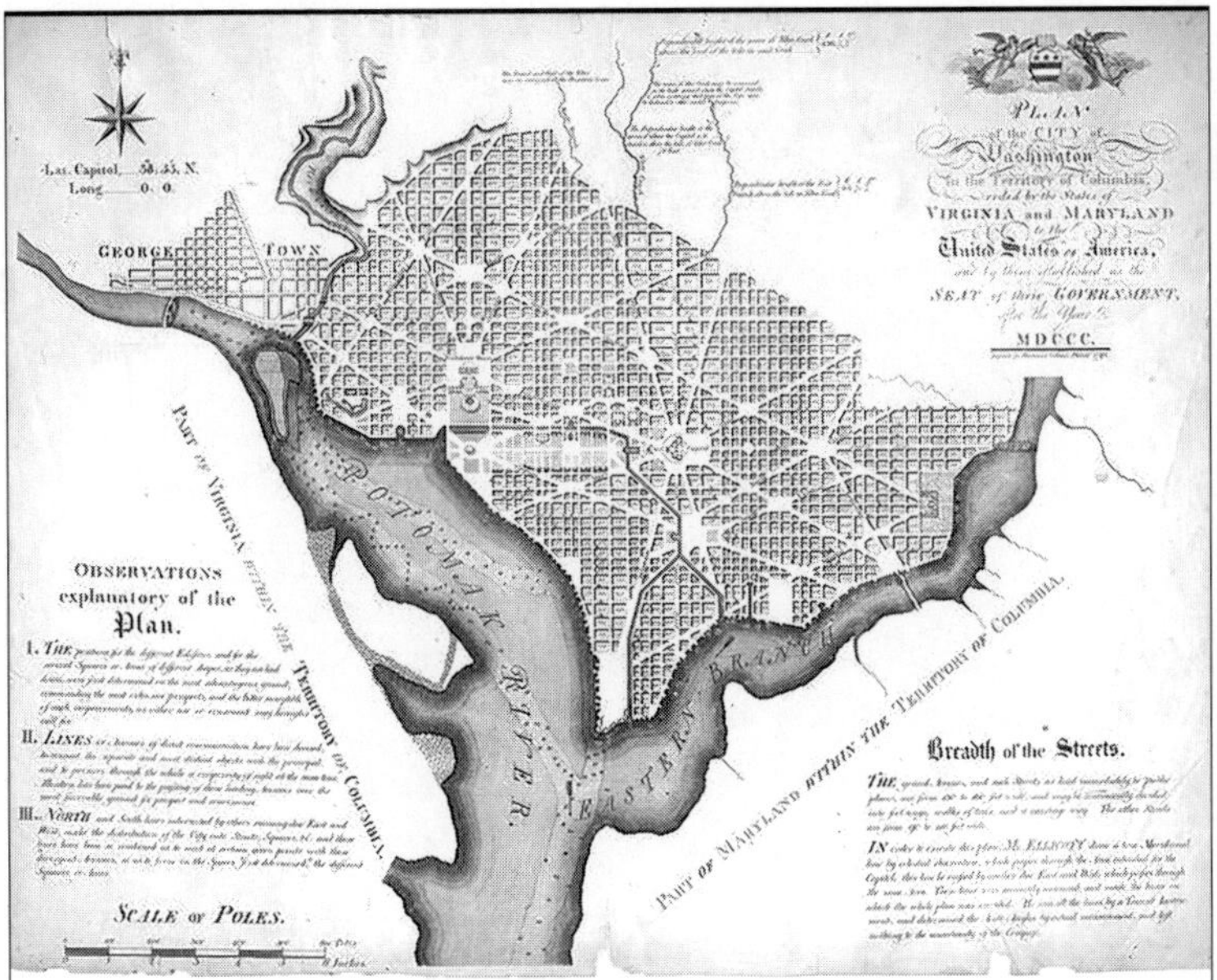

●—首都ワシントンの建設プラン（一七九二年）

▼**政府反対派** 共和派(Republicans)と呼ばれる党派である。現在の共和党(Republican Party)の前身ではなく、民主党(Democratic Party)に連なっていく党派である。共和主義の実験がまだ未完了だと認識されていたこの時代は、「デモクラシー」よりも、「共和主義」のほうが、人々が結集しやすい理念であった。この名称が選ばれたのは、ワシントン政権、というよりも、ハミルトンが、反共和主義的な政策を追求しているとみなされていたからである。

会に提出している。彼の提案は連邦議会で審議され、同議会は、一七九一年に、新しい銀行にたいする特許状の交付を承認した。国立銀行の設立は、公信用の確立と連邦政府の財政政策の円滑な執行を目的としていたが、南部を中心に激しい反発をまねき、マディソンを離反させ、ジェファソンとともに政府反対派▲を結成させるに至った。公債と同様、国立銀行の設立についても、反対論は地域的《セクショナル》な利害を反映していた。農民たちの多くは、債務者であり、したがって、インフレ(紙幣の増発)を望んでいた。とりわけ、南部では、国立銀行が、すでに邦政府からの特許状で設立されていた銀行の紙幣発行を抑制するのではないかという抗議の声が上がった。株主の多くが東部の商人や金融業者であったことも、南部の犠牲のうえに北部の優越が確立されるという危機感が南部に生まれた原因であった。製造業の育成を連邦政府からの報奨金を起業家に与えるかたちでおこなうことをハミルトンが提案したことも、連邦政府は南部の農業を北部の金融利益(製造業・商業)に従属させようとしているということを南部人に確信させた。

しかし、ハミルトン(北部)とジェファソン、マディソン(南部)のあいだの亀裂を地域的な利害の対立としてのみ理解することはできない。後者にとって、ハミルトンの諸提案は共和主義の理念に反していた。「農民こそ神の選民」と論じ、アメリカは農業社会でありつづけるかぎり、共和政は維持されると主張していたジェファソンにとって、ヨーロッパのように通商中心の社会となることは、アメリカがヨーロッパのような反共和主義的な政体（ジェファソンは、「専制の体制」と呼んでいる）になることを意味した。「腐敗」「堕落」という共和政の質を問う言葉でハミルトンの方策は批判された。また、国立銀行についても、マディソンは共和主義の視点から異論を唱えた。彼によれば、連邦憲法第一条第八節に列挙されている権限▲に、銀行の設立は含まれていない。憲法の条文を類推して解釈▲して連邦政府の権限を拡大させることは、専制へと至る道である。

ジェファソンは、ワシントンに宛てて、ハミルトンの方策にたいする彼の見解を表明している。

〔ハミルトンの提案は、〕自由に反する原理から生まれており、議会の議員たちにたいする財務省の影響力をつくり出すことによって共和政を弱体化

▼列挙された権限　連邦憲法第一条第八節には、連邦議会が行使できる権限が、一八項目列挙されている。そのなかには、「郵便局および郵便道路を建設すること」という項目（第七項）もある。銀行や大学を設置する権限は記されていない。したがって、国立銀行の合憲性をマディソンは問題にした。

▼類推して解釈　国立銀行の設立に際して問題になったのは、第一八項の「必要にして適切なすべての法律を制定すること」という条文であった。ハミルトンの類推解釈にたいして、マディソンは、条文は限定解釈するべきであるという立場をとった。

させ崩壊させること……政府のすべての権限を全国議会の掌中に集めること、同議会の大多数の議員を腐敗させる手段を確立すること、……憲法の諸原理を着実にくつがえすという目的を実現するために、それらの議員たちを財務長官の指図のもとにおくことをもくろんでおります。

ジェファソンやマディソンからみれば、ハミルトンの提案する諸方策は、いずれも、彼らが実現しようとしていた共和政とは相いれない、否、共和政の実験を失敗に終わらせることを企図しているととらえられた。たしかに、彼らを中心に結成された共和派は、農本主義的党派であった。共和主義の言葉で語られた農業の位置づけは、南部のプランター・農民のみならず、都市の住人、職人・労働者層や商人層にも、共有されていった。なぜなら、ジェファソンには、通商・製造業への不信感があったとはいえ、マディソンをはじめとする共和派の論陣には、彼がもっていたような不信感はなかったし、共和政の敵とみなされていたのは、土地投機業者、銀行の株主、公債の現保有者であったからである。非農業部門一般が標的となったのではなく、連邦政府の施策と深い利害関係をもっているとみなされた金融資産者が、憲法の原理をそこない、共和政を崩壊させる私的利益の追求者として攻撃された。このような共和主義の言葉による「公共の敵」のあぶり出しは、うちつづく戦後不況のなかで政治が特定の利害によって左右されているという漠とした不満をいだいていた南部の農民以外の人々に、結集点を提供することができた。

ハミルトン主導の統治をめぐるハミルトン派▲とジェファソン派の対立は、「第一次政党制▲」と呼ばれることがあるが、両派とも今日的な意味での政党ではない。そもそも、共和政とは、「res publica（公共の利益）」を実現する政体であり、そこでは、「部分の利益」を追求する「党派（party, faction）」は、存在の正統性をもっていなかったし、存在すべからざる結社であった。したがって、ワシントンのみならず、ハミルトンもアダムズも、フェデラリスツを党派とはみなしていなかった。彼らは、革命フランスの影響を受けた人々から「党派」と非難されたが、公共善を追求する正統な政府であると自任していた。ジェファソンやマディソンは、「共和派」を「党派」と認識していたけれども、諸邦連合が、イギリスの影響下にあるフェデラリスツにより君主政になるのを防ぐための一時的な存在であるとみなしていた。政党制が正統性をもつようになる

▼ハミルトン派　「フェデラリスツ」と呼ばれる政権を担当した党派である。この名称は、連邦憲法批准に賛成した「フェデラリスツ」とは区別しなければならない。マディソンのように、憲法批准には賛成したものの、ハミルトン主導の連邦政府には反対し、共和派となった人々がいる。

▼「第一次政党制」　政治学者や歴史学者が用いる選挙政治モデル。一七九二年から一八二四年まで続いたとされる。

のは、ジャクソンの時代である。フェデラリスツと共和派の対立は、たがいが相手方の正統性を認めていなかったがゆえに、イデオロギー的な対立へと激化していった。アメリカ史において、国内がこのように分裂したのは、南北戦争時以外にはない。

二つの党派の対立が連邦を分裂させることにならなかったのは、ワシントンの存在を抜きにしては理解できない。彼は、ハミルトンとジェファソンにたいして、一方では、連邦政府への批判を自分への批判ととらえて、一期で大統領を退く意思を表明しながらも、他方では、両者にたいして、「内部対立はわれわれの活力をかき乱し、こなごなに引き裂くでしょう……たがいの意見や行動にたいしてもっと寛容にならなければ」、政府の各部門は一体とはなりえないでしょうと伝え、「したがって、わたしの衷心よりの願いと切なる期待は、疑念に満ちた過剰な攻撃で相手を害するのではなく、当事者たちすべての鷹揚な寛大さ、相互の自制、妥協を導く譲歩が生まれることです」と説得している。これにたいして、ジェファソンとハミルトンは、ともに相手側の主張にたいする不信感を取り下げることはなかったけれども、ワシントンが大統領にとどまることが共和政の存続には欠かせないという点では一致した。ハミルトンは、ワシントンに宛てて、「私は、あなたがあなたの静謐《せいひつ》と平和を公共の福利のためにさらに犠牲にせんと決意なさるよう神に願っております」と書き送っている。ジェファソンもほぼ同様の書簡を彼に送っている。ワシントンは、「至高の裁定者」として振る舞うことができたし、そのように受け取られてもいたのである。国内政策をめぐる党派的な対立が激化していた一七九二年におこなわれた大統領選挙では、大統領選挙人の投票は、得票者の第二位以下については票が割れたが、第一位は前回の大統領選挙につづき、満票でワシントンであった。

離任演説

ワシントン政権の第二期が始まった一七九三年の春に届いたヨーロッパの戦争▲の知らせは、「党派を超えた大統領▲」というワシントンの存在形態をあやうくしていった。共和派は革命後に共和政を樹立したフランスを支持したが、ワシントンはその動きにたいして、むしろ、危機感をもった。彼は、ハミルトン

▼ヨーロッパの戦争（一七九三年〈ワシントン政権第二期〉の春に知らせが届いたもの）　「フランス革命戦争」は、一七九二年四月に、フランスとオーストリアとのあいだで始まった。九三年には、イギリスを中心に第一次対仏大同盟が結成され、フランスは同盟諸国とも戦争をすることになった。

▼「党派を超えた大統領」　ワシントンは、党派性から超越していただけではない。彼は、つねに、閣内ではジェファソンとハミルトンにたいして等距離で助言を仰いだが、彼らの助言のままに、あるいは、合議で、方策を採用することはなかった。「長官(Secretary)」とは、ワシントンにとって、文字通り、「秘書」＝「助言者」にすぎず、連邦憲法第二条の「執行権は大統領に存する」という規定を忠実に履行するかのように、自分だけで決定をおこなった。

の助言を受けて、英仏間の戦争で中立を宣言し▲、一七九四年にイギリスとのあいだでジェイ条約▲を締結した。共和派にとって、「フランスの大義は人間の大義であり」、「仏英間の戦争は、原理の戦いであり、自由と専制との戦い」であった。このようなワシントンの親英的な対応を受け入れることができなかったジェファソンは、一七九三年十二月に、国務長官を辞し、下野する。そうして、ジェイ条約締結後には、それまでハミルトンに向けられていたフェデラリスツ政権批判は、ワシントンにも公然と向けられるようになった。あるパンフレットでは、ワシントンを名指しして、「〔あなたの政権は〕共和主義を根底から転覆させ、自由な代議政体のあらゆる原理を破壊する」条約を締結することによって、この国に「深く突き刺さった回復しがたい公共悪」をもたらしたと非難している。フランスに滞在していたペインも、このような批判に加わり、ワシントンを「憲法に関心をもつことなく、人間や大義を見捨てることができる……偽善者」であると論じている。

　外交政策をめぐるイデオロギー的対立およびワシントン個人への批判は、同時期にペンシルヴェニア邦のフロンティアで発生した武装蜂起にたいするワシ

▼中立を宣言　ワシントンは、一七九三年四月、どの交戦国にたいしても「友好的かつ公平な」行動をとると宣言した。これは、独立戦争においてフランスの援助を得るべく一七七八年に締結されていた米仏軍事同盟を事実上反故にした。

▼ジェイ条約　アメリカ合衆国全権使節の代表ジョン・ジェイ(彼は、最高裁判所主席判事に在職のまま、この任務に就いた)とイギリス外相グレンヴィルとのあいだで、一七九四年に締結された条約。北西部フロンティアからのイギリス軍の撤退が確約されたが、フランスの私掠船にたいする補給の禁止、独立戦争以前アメリカ人がイギリス商人に負っていた債務の支払いなど、アメリカ側により多くの義務が課せられた不平等な条約であるという批判が国内ではおこった。

▼ウィスキー反乱　連邦政府は、公債の償還のために酒税法を制定して、蒸留酒への課税をおこなった。課税対象は、消費者ではなく製造業者であった。東部の蒸留酒製造業者とは異なり、西部では、製造業者の多くは農民であり、彼らは、貨幣が

ントン政権の対応によって、さらに激化していった。一七九一年に制定された酒税法への反発は、ウィスキー反乱▲を引きおこした。ワシントンは、民兵隊を派遣しながらも、彼らの不満を宥めるための方策▲をたくみにとり、武力衝突を回避させた。派遣されたのが連邦軍ではなく民兵隊であったことと、連邦政府によって組織された民兵隊(ワシントンとハミルトンがこの部隊を率いた)が鎮圧行動をとらなかったことは、共和政の擁護者という人々がいだくワシントン像を維持させたといえるだろう。

しかしながら、ワシントンが、ウィスキー反乱は「民主主義協会」「共和主義協会」▲(ワシントンは、マディソンがこれらの団体と関係をもっていると疑っていた)に支援されているという声明を出したことは、彼がそれまでもっていた「至高の裁定者」という象徴性をそこなうことになった。「党派」を否定していたワシントン自身が、党派対立として政治がおこなわれるなかで「イギリス派(Britain faction)」とみなされるようになるとき、すなわち、「党派を超えた大統領」という立場を維持できないと彼自身が認識するようになったとき、ワシントンにとって、大統領職にとどまりつづけるという選択肢はなかった。

十分に流通していないなかで、ウィスキーを交換手段として使っていた。法律の制定直後からおこっていた抗議の声は、一七九四年までには直接行動に転化した。武装した数百人の農民たちは、郵便配達への襲撃、裁判所の閉鎖、ピッツバーグ市へ行進などをおこなった。それは「反乱」と呼ぶほどの武力行使ではなかったが、ワシントンは、この動きに危機感をもち、一万三〇〇〇人近くの民兵隊を現地に派遣した。

▼**不満を宥めるための方策**　たとえば、ワシントンは、反乱者たちのうち、反逆罪で有罪となり絞首刑による死刑判決を受けた者にたいして、恩赦を与えた。

▼「**民主主義協会**(democratic society)」「**共和主義協会**(republican society)」　革命によって成立したフランス共和政を「姉妹共和政(sister republic)」と呼び、それを支援するために、一七九三年から九四年にかけて、アメリカ国内の各地に設立された結社。共和主義とデモクラシーを推進し、君主政・貴族政的な傾向を国内から取り除くことを目的としていた。

全米の各紙に掲載された「離任声明(Farewell Address)」(一七九六年九月)として知られる文書において、ワシントンは、九六年選挙で候補者と目されることをお断りすると述べたあと、連邦の今後についての所信を明らかにしている。その声明で彼がまず取り上げているのは、「党派(彼は、地域的ごとに党派が形成されていると論じている)の精神」が民主的《ポピュラー》な政体におよぼす悪しき影響である。党派が生み出す無秩序と窮状とは、人々の心のなかに、「一人の人間のもつ絶対的権力に安全と安らぎとを求める傾向をつくり出していき」、「自由な政体」を「専制」へと変えていく。連邦政府への反乱(ウィスキー反乱)を支援していると彼が断じた「民主主義協会」「共和主義協会」を「勝手にこしらえた結社(self-created society)」(ワシントンは、公認されていない非合法の結社という意味で、この言葉を用いている)と呼んだように、ワシントンは、正統な権力体である政府へ敵対する行為は共和政においては認められないと考えていた。共和派には、これらの結社に参加した多くの人々も結集していた。ワシントンが「離任声明」で党派心に言及したとき念頭にあったのは、この共和派である。彼にとっては、共和政における党派の効用を説いたマディソンとは異なり、公共善の実現をめざす共和政において、存立の正統性をもつ党派など存在してはならなかったのである。

「離任声明」は外国との政治的結びつきをもたないことが連邦の主要な外交方針であるべきであると説いている。通常、これは孤立主義の唱導であると理解されてきている。たしかにそうではあるが、同時に共和政の維持という観点からもとらえられなければならない。共和政は外国の影響力によって解体するというのは、ワシントンがほかの建国者たちと共有していた共和主義観である。彼が、「民主主義協会」「共和主義協会」を警戒したのは、それがフランス革命を支持していたからであったし、共和派は反共和政的であるとみなしたのは、彼がそれを「フランス党(France Party)」と呼んでいたことに示されるように、フランスの影響を国内に浸透させていると疑っていたからである。

イングランドのボーリングブルック▲が説いた「愛国王(patriot king)」の観念、すなわち、党派性から超越した「人民の共通の父」のもとに、「王とすべての構成員とが一つの共通の利益によって結びつき、一つの共通の精神によって行動する」という政治観は、ジェファソン、アダムズ、マディソン、ハミルトン

▼**ボーリングブルック**(一六七八〜一七五一)　イングランドの政治家、官僚、著述家。彼の著作は、ジェファソン、ジョン・アダムズ、マディソンなどの建国期の指導者たちに広く読まれた。

などに共有されていたし、彼らによって形成された知的環境に身をおいていたワシントンが、この観念にあるべき大統領像をみていたと考えてもよいだろう。そうして、この「愛国王」の観念をほぼ体現しているとみなされたワシントンは、共和政の大統領としての範となっていったともいえるだろう。「愛国王」の観念は、ワシントン以後、第二代のアダムズのみならず、「共和派」の大統領であるジェファソン、マディソン、ジェイムズ・モンロー、ジョン・クインジー・アダムズにおいても、彼らの大統領像に重ねられていた。

ワシントンが共和政の「愛国王」たりえたのは、彼が二期で大統領の職を辞したことにも理由が求められる。連邦憲法において、大統領の三選が禁止されるのは一九五一年であるが、それまでのあいだ、任期に制限が設けられていなかったにもかかわらず、フランクリン・ローズヴェルトをのぞいて、三期以上を務めた大統領はいない。大統領制が専制・独裁におちいった多くの事例に照らすとき、アメリカ合衆国が共和政を維持しつづけてきていることは注目するに値する。胎動しはじめたばかりの、なお実験段階にあったアメリカ共和政の始まりにおいて、ワシントンが大統領であったことの意義は大きい。

▼**ヴァジニア・ケンタッキー決議**
連邦議会が邦の委託した権限を逸脱して法律を制定したとき、邦はその法律の無効を宣言できるということなどを決議した。この決議はジェファソンやマディソンの意図から離れて「州権論(states' right)」の理論的根拠となっていく。

ワシントンが現職時代にすでに警戒していた党派精神は、一七九八年に国内を深刻な対立へとおとしいれた。フランスとの戦争の危機が生じたこの時期、アダムズ大統領主導のもと、政権党フェデラリスツは、「外国人・治安諸法」を制定し、敵性外国人の取締りと政府批判などの治安妨害行為を禁止しようとした。それにたいして、共和派は、ジェファソンがヴァジニア邦で、マディソンがケンタッキー邦で、それぞれ同法を批判する文書を作成し、邦議会でそれを決議文▲として可決させた。両邦の決議文が送られたそのほかの諸邦のいずれも、それに呼応する動きを示さなかったが、これらの決議文は、共和派をより一体性のある党派として結合させる原理となり、同派とフェデラリスツとの対立は深まっていった。

このような状況にあって、ワシントンは、フェデラリスツの有力者たちから、一八〇〇年の大統領選挙への再登場を要請された。彼にとって、農場生活に勤しみつつも、請われれば国に奉仕し、また農場生活に戻るというキンキナトゥスの身の処し方は、統治者の鑑であった。しかし、ワシントンは、もはやこれにならうことはできなかった。彼は、再登場を請う書簡への返信において、

「党派間の見解の違い」が「現在のように顕著になってきている」ときに、自分のもつ「個人的影響力」、すなわち、公私ともに無私であることが人々におよぼす影響力は、もはや効力をもたない、もし要請に応じても、自分はフェデラリスツの候補者とみなされるであろうし、したがって、「アンティ・フェデラリスツの側からは一票たりとも得られないと断言する〔ことができる〕」と述べている。ワシントンは、この書簡を書いたおよそ半年後、一七九九年十二月に逝去する。「党派を超えた大統領」こそが共和政体を創設できると考えていた彼は、この書簡のなかで、党派のなかの大統領の時代が来つつあること、そうして、それは共和政にかわるデモクラシーの時代であることを告げているといえるだろう。一七九六年の「離任声明」で党派精神の危険性を説いていたワシントンは、彼が創設しようとした共和政を言祝ぎながら生涯の幕を閉じたとはいえないのかもしれない。

●――ワシントンの死

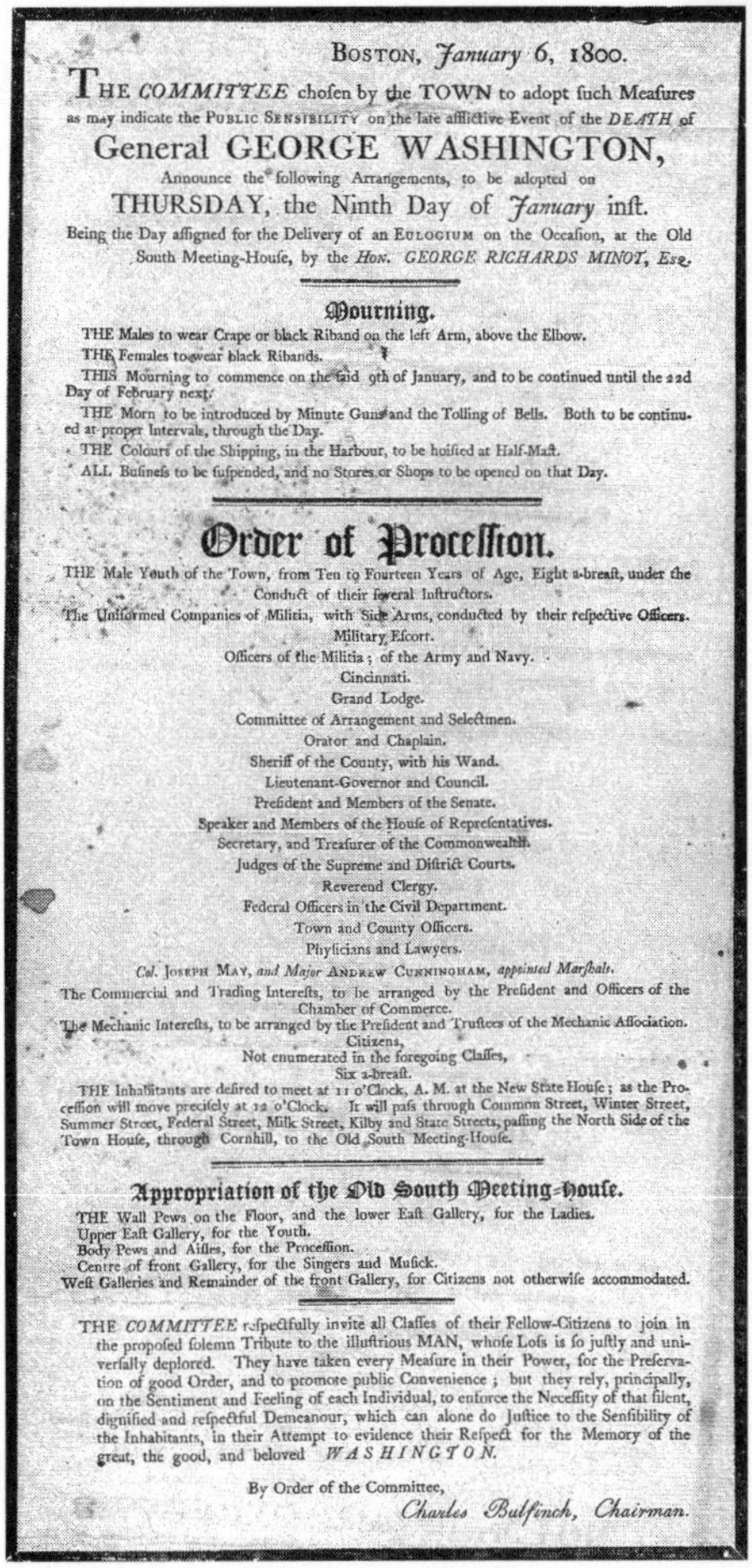

Boston, *January* 6, 1800.

THE *COMMITTEE* choſen by the TOWN to adopt ſuch Meaſures as may indicate the Public Sensibility on the late afflictive Event of the *DEATH* of

General GEORGE WASHINGTON,

Announce the following Arrangements, to be adopted on

THURSDAY, the Ninth Day of *January* inſt.

Being the Day aſſigned for the Delivery of an Eulogium on the Occaſion, at the Old South Meeting-Houſe, by the *Hon.* *GEORGE RICHARDS MINOT, Esq.*

Mourning.

THE Males to wear Crape or black Riband on the left Arm, above the Elbow.

THE Females to wear black Ribands.

THIS Mourning to commence on the ſaid 9th of January, and to be continued until the 22d Day of February next.

THE Morn to be introduced by Minute Guns and the Tolling of Bells. Both to be continued at proper Intervals, through the Day.

THE Colours of the Shipping, in the Harbour, to be hoiſted at Half-Maſt.

ALL Buſineſs to be ſuſpended, and no Stores or Shops to be opened on that Day.

Order of Proceſſion.

THE Male Youth of the Town, from Ten to Fourteen Years of Age, Eight a-breaſt, under the Conduct of their ſeveral Inſtructors.

The Uniformed Companies of Militia, with Side Arms, conducted by their reſpective Officers.

Military Eſcort.

Officers of the Militia; of the Army and Navy.

Cincinnati.

Grand Lodge.

Committee of Arrangement and Selectmen.

Orator and Chaplain.

Sheriff of the County, with his Wand.

Lieutenant-Governor and Council.

Preſident and Members of the Senate.

Speaker and Members of the Houſe of Repreſentatives.

Secretary, and Treaſurer of the Commonwealth.

Judges of the Supreme and Diſtrict Courts.

Reverend Clergy.

Federal Officers in the Civil Department.

Town and County Officers.

Phyſicians and Lawyers.

Col. Joseph May, *and Major* Andrew Cunningham, *appointed Marſhals.*

The Commercial and Trading Intereſts, to be arranged by the Preſident and Officers of the Chamber of Commerce.

The Mechanic Intereſts, to be arranged by the Preſident and Truſtees of the Mechanic Aſſociation.

Citizens,
Not enumerated in the foregoing Claſſes,
Six a-breaſt.

THE Inhabitants are deſired to meet at 11 o'Clock, A. M. at the New State Houſe; as the Proceſſion will move preciſely at 12 o'Clock. It will paſs through Common Street, Winter Street, Summer Street, Federal Street, Milk Street, Kilby and State Streets, paſſing the North Side of the Town Houſe, through Cornhill, to the Old South Meeting-Houſe.

Appropriation of the Old South Meeting-Houſe.

THE Wall Pews on the Floor, and the lower Eaſt Gallery, for the Ladies.

Upper Eaſt Gallery, for the Youth.

Body Pews and Aiſles, for the Proceſſion.

Centre of front Gallery, for the Singers and Muſick.

Weſt Galleries and Remainder of the front Gallery, for Citizens not otherwiſe accommodated.

THE *COMMITTEE* reſpectfully invite all Claſſes of their Fellow-Citizens to join in the propoſed ſolemn Tribute to the illuſtrious MAN, whoſe Loſs is ſo juſtly and univerſally deplored. They have taken every Meaſure in their Power, for the Preſervation of good Order, and to promote public Convenience; but they rely, principally, on the Sentiment and Feeling of each Individual, to enforce the Neceſſity of that ſilent, dignified and reſpectful Demeanour, which can alone do Juſtice to the Senſibility of the Inhabitants, in their Attempt to evidence their Reſpect for the Memory of the great, the good, and beloved *WASHINGTON.*

By Order of the Committee,

Charles Bulfinch, Chairman.

●――ワシントンの追悼式の告知

ワシントンとその時代

西暦	年齢	おもな事項
1732	0	***2-22*** ヴァジニア植民地ウェストモアランド・カウンティで生まれる
1735	3	ポトマック川を上ったところにあるワシントン家所有のリトル・ハンティング・クリーク・プランテーション（のちに，マウント・ヴァーノンと呼ばれるようになる）に家族で移住
1738	6	フレデリクソンバーグ近くのフェリー・ファームの農場に移る。メイソン・ロック・ウィームズのワシントン伝に出てくる桜の木の逸話は，ここが舞台となっている
1754	22	フレンチ・インディアン戦争が始まる。ヴァジニア民兵隊の中佐に任命される
1758	26	ヴァジニア植民地議会議員に選出される（17 年間務める）
1759	27	マーサ・ダンドリッヂ・カスティスと結婚（マーサとの結婚で 18,000 エーカー〈7300 ヘクタール〉の土地と 84 人の黒人奴隷を管理することになり，ヴァジニアで有数のプランターとなった）
1763	31	フレンチ・インディアン戦争終結。「国王の宣言」
1765	33	***5-*** 印紙法。***10-7*** ～ ***22*** ニューヨーク植民地オルバニーで印紙法会議が開催される
1767	35	タウンゼント諸法
1773	41	***5-*** 茶法。***12-*** ボストン茶会事件
1774	42	強制諸法。ケベック法。***9*** ～ ***10*** 第 1 回大陸会議が開催される
1775	43	***4-*** レキシントン・コンコードの戦い。***5-*** 第 2 回大陸会議が開催される（～ 1781）。大陸軍が結成され，司令官に任命される
1776	44	***1-*** トマス・ペイン『コモン・センス』。***7-*** 独立宣言
1778	46	米仏同盟
1781	49	***3-*** 連合規約発効。***10-*** ヨークタウンの戦い（英軍のコーンウォリス将軍が降伏）
1783	51	***9-*** パリ講和条約。***12-*** 大陸軍の指揮権を連合会議に返還し，マウント・ヴァーノンでの農耕生活に戻る
1786	54	***8-*** シェイズの反乱。***9-*** アナポリス会議
1787	55	***5*** ～ ***9*** フィラデルフィア会議の議長を務める
1788	56	連邦憲法発効
1789	57	***4-*** 初代アメリカ合衆国大統領に就任
1793	61	***2-*** 第 2 期政権。***4-*** 中立宣言。***12-*** ジェファソン，国務長官を辞任
1794	62	***7-*** ウィスキー反乱。***11-*** ジェイ条約
1795	63	ハミルトン，財務長官を辞任
1796	64	***9-*** 離任声明
1797	65	ジョン・アダムズ，第 2 代大統領に就任
1798	66	***6*** ～ ***7*** 外国人・治安諸法。***11*** ～ ***12*** ケンタッキー・ヴァジニア決議
1799	67	***12-*** 死去

参考文献

明石紀雄『トマス・ジェファソンと「自由の帝国」の理念――アメリカ合衆国建国史序説』ミネルヴァ書房，1993年
有賀貞『アメリカ革命』東京大学出版会，1988年
有賀貞・大下尚一・志邨晃佑・平野孝編『世界歴史大系　アメリカ史1』山川出版社，1994年
五十嵐武士『アメリカの建国――その栄光と試練』東京大学出版会，1984年
石川敬史『アメリカ連邦政府の思想的基礎――ジョン・アダムズの中央政府論』渓水社，2008年
ゴードン・S. ウッド（中野勝郎訳）『アメリカ独立革命』岩波書店，2016年
ゴードン・S. ウッド（池田年穂・金井光太朗・肥後本芳男訳）『ベンジャミン・フランクリン、アメリカ人になる』慶應義塾大学出版会，2010年
櫛田久代『初期アメリカの連邦構造――内陸開発政策と州主権』北海道大学出版会，2009年
斎藤眞『アメリカ革命史研究――自由と統合』東京大学出版会，1992年
トマス・ジェファソン（中屋健一訳）『ヴァジニア覚え書』岩波書店，1972年
ロン・チャーナウ（井上廣美訳）『アレグザンダー・ハミルトン伝――アメリカを近代国家につくり上げた天才政治家　上・中・下』日経BP，2005年
中野勝郎『アメリカ連邦体制の確立――ハミルトンと共和政』東京大学出版会，1993年
ドン・ヒギンボウサム（和田光弘他訳）『将軍ワシントン――アメリカにおけるシヴィリアン・コントロールの伝統』木鐸社，2003年
ベンジャミン・フランクリン（松本慎一・西川正身訳）『フランクリン自伝』岩波書店，1957年
バーナード・ベイリン（大西直樹・大野ロベルト訳）『世界を新たに フランクリンとジェファソン――アメリカ建国者の才覚と曖昧さ』彩流社，2011年
トマス・ペイン（小松春雄訳）『コモン・センス 他三篇』岩波書店，1976年
本間長世『共和国アメリカの誕生――ワシントンと建国の理念』NTT出版，2006年
和田光弘『植民地から建国へ――19世紀初頭まで』岩波書店，2019年

Elkins, Stanley and McKitrick, Eric, *The Age of Federalism* Oxford University Press,1993.
Flexner, James Thomas, *George Washington and the New Nation* Little Brown,1969.
Longmore, Paul K., *The Invention of George Washington* University of California Press,1988.
Rasmussen, William M.S. and Tilton, Robert S., *George Washington: The Man Behind the Myths* University of Virginia Press,1993.
Schwartz, Barry, *George Washington: The Making of an American Symbol* Cornell University Press,1987.
Wills, Garry, *Cincinnatus: George Washington and the Enlightenment* Doubleday,1984.
Wood, Gordon S., *Revolutionary Characters: What Made the Founders Different* Penguin Press,2006.

図版出典一覧

The American Presidents, Danbury, n.y.. *2*

James Thomas Flexner, *George Washington: and the New Nation: (1783-1793),* Boston/New York/Toronto/London, 1969-70. *61, 67*

Barry Schwartz, *George Washington: The Making of an American Symbol,* Ithaca/London, 1987. *87*

アメリカ合衆国議会議事堂 カバー裏, *29*

アメリカ議会図書館 *60*

ニューヨーク公共図書館 *1, 39, 73*

福嶋正義 *7*

ブルックリン美術館 扉

PPS 通信社提供 カバー表 , *12, 27, 37, 43*

ユニフォトプレス提供 *6, 34, 35*

中野勝郎(なかの　かつろう)
1958年生まれ
東京大学大学院法学政治学研究科博士課程単位取得退学，博士(法学)
専攻，アメリカ政治史・政治思想史
現在，法政大学法学部教授

主要著書・訳書

『アメリカ連邦体制の確立』(東京大学出版会 1993)
アレグザンダー・ハミルトン、ジョン・ジェイ、ジェイムズ・マディソン『ザ・フェデラリスト』(訳，岩波書店 1999)
ゴードン・S・ウッド『アメリカ独立革命』(訳，岩波書店 2016)

世界史リブレット人 60
ワシントン
共《きょう》和国《わこく》の最初《さいしょ》の大統領《だいとうりょう》

2022年7月30日　1版1刷印刷
2022年8月10日　1版1刷発行

著者：中野勝郎《なかのかつろう》

発行者：野澤武史

装幀者：菊地信義＋水戸部功

発行所：株式会社 山川出版社

〒101-0047　東京都千代田区内神田1-13-13
電話　03-3293-8131(営業) 8134(編集)
https://www.yamakawa.co.jp/
振替　00120-9-43993

印刷所：株式会社 プロスト

製本所：株式会社 ブロケード

世界史リブレット 人

1 ハンムラビ王——中田一郎
2 ラメセス2世——高宮いづみ・河合 望
3 ネブカドネザル2世——山田重郎
4 ペリクレス——前沢伸行
5 アレクサンドロス大王——澤田典子
6 古代ギリシアの思想家たち——高畠純夫
7 カエサル——毛利 晶
8 ユリアヌス——南川高志
9 ユスティニアヌス大帝——大月康弘
10 孔子——高木智見
11 商鞅——太田幸男
12 武帝——冨田健之
13 光武帝——小嶋茂稔
14 冒頓単于——沢田 勲
15 曹操——石井 仁
16 孝文帝——佐川英治
17 柳宗元——戸崎哲彦
18 安禄山——森部 豊
19 アリー——森本一夫
20 マンスール——高野太輔
21 アブド・アッラフマーン1世——佐藤健太郎
22 ニザーム・アルムルク——井谷鋼造
23 ラシード・アッディーン——渡部良子
24 サラディン——松田俊道
25 ガザーリー——青柳かおる
26 イブン・ハルドゥーン——吉村武典
27 レオ・アフリカヌス——堀井 優
28 イブン・ジュバイルとイブン・バットゥータ——家島彦一
29 カール大帝——佐藤彰一
30 ノルマンディー公ウィリアム——有光秀行
31 ウルバヌス2世と十字軍——池谷文夫
32 ジャンヌ・ダルクと百年戦争——加藤 玄
33 王安石——小林義廣
34 クビライ・カン——堤 一昭
35 マルコ・ポーロ——海老澤哲雄
36 ティムール——久保一之
37 李成桂——桑野栄治
38 永楽帝——荷見守義
39 アルタン——井上 治
40 ホンタイジ——楠木賢道
41 李自成——佐藤文俊
42 鄭成功——奈良修一
43 康熙帝——岸本美緒
44 スレイマン1世——林佳世子
45 アッバース1世——前田弘毅
46 バーブル——間野英二
47 大航海時代の群像——合田昌史
48 コルテスとピサロ——安村直己
49 マキァヴェッリ——北田葉子
50 ルター——森田安一
51 エリザベス女王——青木道彦
52 フェリペ2世——立石博高
53 クロムウェル——小泉 徹
54 ルイ14世とリシュリュー——林田伸一
55 フリードリヒ大王——屋敷二郎
56 マリア・テレジアとヨーゼフ2世——稲野 強
57 ピョートル大帝——土肥恒之
58 コシューシコ——小山 哲
59 ワットとスティーヴンソン——大野 誠
60 ワシントン——中野勝郎
61 ロベスピエール——松浦義弘
62 ナポレオン——上垣 豊
63 ヴィクトリア女王、ディズレーリ、グラッドストン——勝田俊輔
64 ガリバルディ——北村暁夫
65 ビスマルク——大内宏一
66 リンカン——岡山 裕
67 ムハンマド・アリー——加藤 博
68 ラッフルズ——坪井祐司
69 チュラロンコン——小泉順子
70 魏源と林則徐——大谷敏夫
71 曾国藩——清水 稔
72 金玉均——原田 環
73 レーニン——和田春樹
74 ウィルソン——長沼秀世
75 ビリャとサパタ——国本伊代
76 西太后——深澤秀男
77 梁啓超——高柳信夫
78 袁世凱——田中比呂志
79 宋慶齢——石川照子
80 近代中央アジアの群像——小松久男
81 ファン・ボイ・チャウ——今井昭夫
82 ホセ・リサール——池端雪浦
83 アフガーニー——小杉 泰
84 ムハンマド・アブドゥフ——松本 弘
85 イブン・アブドゥル・ワッハーブとイブン・サウード——保坂修司
86 ケマル・アタテュルク——設樂國廣
87 ローザ・ルクセンブルク——姫岡とし子
88 ムッソリーニ——高橋 進
89 スターリン——中嶋 毅
90 陳独秀——長堀祐造
91 ガンディー——井坂理穂
92 スカルノ——鈴木恒之
93 フランクリン・ローズヴェルト——久保文明
94 汪兆銘——劉 傑
95 ヒトラー——木村靖二
96 ド・ゴール——渡辺和行
97 チャーチル——木畑洋一
98 ナセル——池田美佐子
99 ンクルマ——砂野幸稔
100 ホメイニー——富田健次

〈シロヌキ数字は既刊〉